キャラ別
男子図鑑

菜々子

産業編集センター

はじめに

あなたの周りにいる男子を
勝手にカテゴライズ！

どうしてわざわざ分類するの？

世の中いろんなタイプの男子が
いると知ったら、
心も広く、寛容になれる

観察眼を持てば、好きな彼の
いいところを**より深く感じられる**

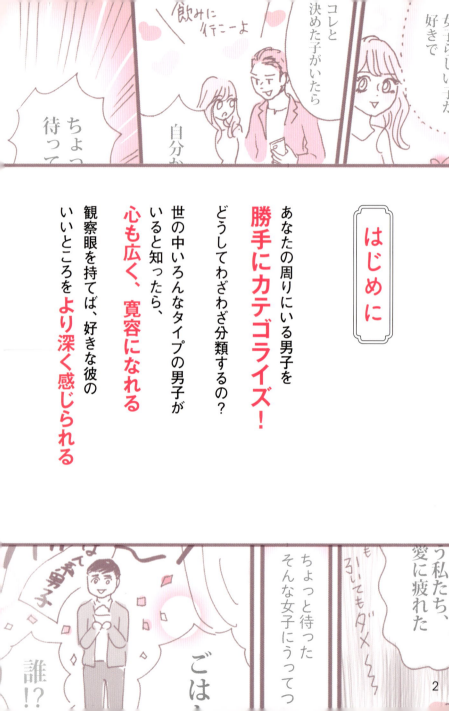

手なづけられない
ジビエ系男子！
そんな彼は
一体どんな
つきあって
それは熟練の
ハンター女子
彼女は手なづけるの
野生的な男子の急所
うまく仕留めること
知力・体力に優れた

苦手なあの人も、**フラットな目で**
見ることができるようになる！

人類の半分は男子。

苦手だって、恥ずかしくたって、
どうしたって一生
つきあっていかなきゃならない相手。

だったら、かる～く、楽しく、面白く、
周りの男子を観察、分析してみませんか？

少しの毒舌はご容赦を。

知れば知るほど愛すべき存在、
それが**「男子」**なのですから。

でも落ち込む
のは早い
ただ攻め方が
彼らは用心深い！
こわくないよ～
こっちおいで～
様子を見ながら
じっくり
攻めて見て

Contents

Column

CHAPTER 1

異性へのがっつき度を探る

料理編

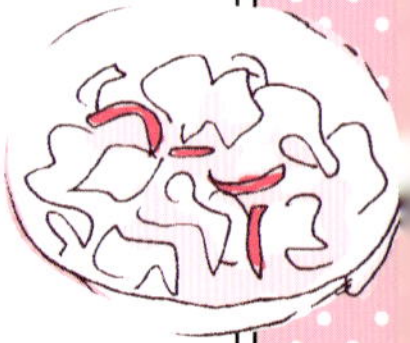

この章では、男子を料理にたとえ、
カテゴライズしています。特に異性への
がっつき度という視点から観察。
肉食、草食という言葉がありますが、
最近はどれにも当てはまらない
新しい「○○系男子」が増殖中。
あなたの周りの男子は何系男子？

生々しいことが苦手
イチャイチャ
フレンドリーである
どうも!
プライドがやや高いので扱いに注意
ウッ
少し古くなーい?
運動能力が高い
ヒョイッ
自分から強い主張はしない
聞き役
争いごとが苦手
地味めな女子にモテるが華やかな女子が好き
無理したくない

男子カテゴライズ

料理編

case 01

ステーキ系男子

この男子の特性

小さな頃からやんちゃ坊主。怒られ慣れているので、ちょっとやそっとじゃめげない。周りの顔色を見ながら空気を読んでおりこうさんにしているタイプではなく、思ったことはそのままストレートに口にしてしまうので、「もう！　デリカシーがないんだから」と学級委員長タイプの女子からたしなめられることもしばしば。学生時代は、体育会系の部活やサークルで活躍。常に目立つグループにいて、地味なグループに入ったことがないので、相手の気持ちに立ってものを考えるのはちょっと苦手。ただ、とにかくまっすぐで表裏がなく、わかりやすい性格なので、周りからは呆れられても心底嫌われることはない。

ノリが軽く
コミュニケーション能力は
高め
合コンなど
仲間の男子がいると
さらにイキイキ
恋愛は
自分から
行きたいタイプ
気配り上手
フワッとしてて清楚
女の子らしい子が好き
共感力と知性は
イマイチなので
心の機微に触れる
ような話になると通じない
も!
明るくて
体力アリ!
堂々としている

ステーキ系男子劇場

もぐもぐ
オレ、ステーキ系男子
広大な大地で育ったアメリカ産牛肉みたいにわかりやすい肉々しさがウリ!!
女子らしい子が好きで
コレと決めた子がいたら
自分から！
飲みに行こーよ
LINEおしえて
いつにする？
ちょっと待ってよ！
オレたちのこと忘れてない？
ジャーッ
サイコロステーキ系
オージービーフステーキ系
和牛ステーキ系
こっちだってれっきとしたステーキ系だぜ!!

お前ら何なんだよ!!
オレは和牛ステーキ系がっつり行くより品良く女子にアタック
肉の中では♪繊細なんだ
オレはオージービーフ系赤身であっさり。でも肉質しっかりで噛み応え充分さ
牧草の風味!
大らかさ!
オレはサイコロステーキ系噛み締めると独特の旨味が!庶民派で女子の心を掴むよ
形成肉だ!
ユニット組む?
飲会行こう
いいね
同じステーキ肉同士のせいか、ウマが合いそう
定番のでもこうやってわかれてくのね~
ワワ
めんどくさ～

ステーキ系男子のトリセツ

好きな女の子がいたら、自分からストレートに思いを伝えたいタイプなので、ステーキ系男子を好きになってもガツガツ行かないこと。ただ、ちょっと鈍感なところがあり、こちらの思いにはなかなか気づいてくれないので、告白はしないまでも、「●●くんて、きっとモテるよねえ」など自分が気に入っているんだということがしっかり伝わるような言葉を口にすること。頻繁に目を合わせるのも吉。友達を大切にするタイプなので、まずは彼の友達に信頼されるような行動をとるのもオススメ。彼の友達が「●●ちゃんってすごく気がきくよね」と口にするようになったらしめたもの。見た目も「ザ・女子」が好きなので、ゆるふわパーマに裾がしなやかに揺れるようなスカートなど、フェミニンな服装を心がけて。

男子カテゴライズ

料理編

case

01

サラダ系男子

この男子のがっつき方

自分の意思がないわけではないが、人とぶつかってまで自己主張はしない平和主義。成人しても少年の心を忘れず採れたてフレッシュな印象をキープ。オイル系でも柑橘系でも、掛け合わされる存在により味がしなやかに変化する。会社の同僚や先輩からの飲みの誘いは断らず、合コンへのつきあいもいいが、実は一番居心地がいいのは自分だけの時間。週末はお気に入りのカフェで過ごすことが多いが、自宅で豆を挽いてコーヒーを淹れるほどのこだわりは持っていない。ファッションはややコンサバ気味でチェックのボタンダウンやクルーネックのセーターを好む。中年以降は野菜の古漬けのように発酵味豊かな仕上がりに。

合コンに誘われたら行く
デートも誘われて嫌じゃなければ行く
とりあえずかんぱい
無理したくない
傷つくのが怖くて自分発信が苦手
当たって砕けろなんて絶対ダメ
こわい…
トートを使う
恋愛はいつも相手まかせ
柔軟剤を使う
それなりの幸せで満足
自分の趣味の時間が大事
意志が無い訳ではない
けっこう頑固なコダワリも

皿田です
どうも
近年大増殖中のサラダ系男子たち
うんそうだね
ワサ
どっちでもいいよ
そうだね
ワサ
でもさっ
冷奴
枝豆
皿田くんって煮え切らないっていうかさ〜
いつも誘うのは私からで〜
でも誘えば来るの
私のこと好きかわかんない
なんかそれってヤダよねえ
皿田くんは女子に興味ないのかも〜
疲れたしもう距離おくわ
ハァ
と結論づけていたら……
皿田くん他のこと結婚
どっひゃー
ショックっっ
女子に興味がないんじゃなくて、私に興味がなかったんだ!

でも落ち込むのは早い
うそっ
ただ攻め方が合ってなかっただけかも
彼らは用心深い！
こわくないよ～
こっちおいで～
様子を見ながらじっくり攻めて見て
一度心を開いてもらえば
浮気もないし、束縛もなくて心穏やか～なつきあいが
最後に年季の入ったサラダ系男子は
熟成
よく漬かってて滋味深そう～
漬物系男子
漬物系男子として需要があるのでした

サラダ系男子のトリセツ

生来女性と自然に付き合える気質なので周囲に女性が多いが、自分からアピールをしないので誰が本命かがわかりづらい。「何度も目が合う」など、小さなサインに気づけるよう感度を上げておこう。ただ、女性からグイグイ迫ると引いてしまうタイプなので、メールやLINEでのやりとりが途切れないよう質問形で返しながらキャッチボールをし、徐々に距離を縮めるのが吉。どんなドレッシングの種類にも合わせられるよう、常に無味無臭態勢でのぞむほどつきあい上手な彼。日頃空気を読んでいる分、時には一人になりたいこともあるので、束縛しすぎは禁物。実は石橋を叩きすぎて割ってしまうぐらい慎重なので、互いに未体験のことをする時は、毒味役に回ってあげるとどんどん信頼度が高まっていく。

男子カテゴライズ

料理編

case

03

ロールキャベツ系男子

この男子の特性

髪型も服装もフェミニン。人にも自分にもゆるく人当たりがソフト。どんなジャンルの人とも垣根なくつきあえるので交友関係は広い。カルチャーや音楽の知識に溢れ、アーティスティック。どんなことも器用にこなすので、学校や職場で常に重宝がられる。決してメインストリームを悠々と泳ぐタイプではなく、横道を自分のペースでひた走るタイプなのだが、時々発する言葉が的を射ており、その場面での正解を叩き出したりもするので、周囲から一目置かれる存在。大人しそうな外見なのに、時々見せる野性味。実はかなりの野心家で、上昇志向も強いため、穏やかな見た目とのギャップに萌える女子は多い。

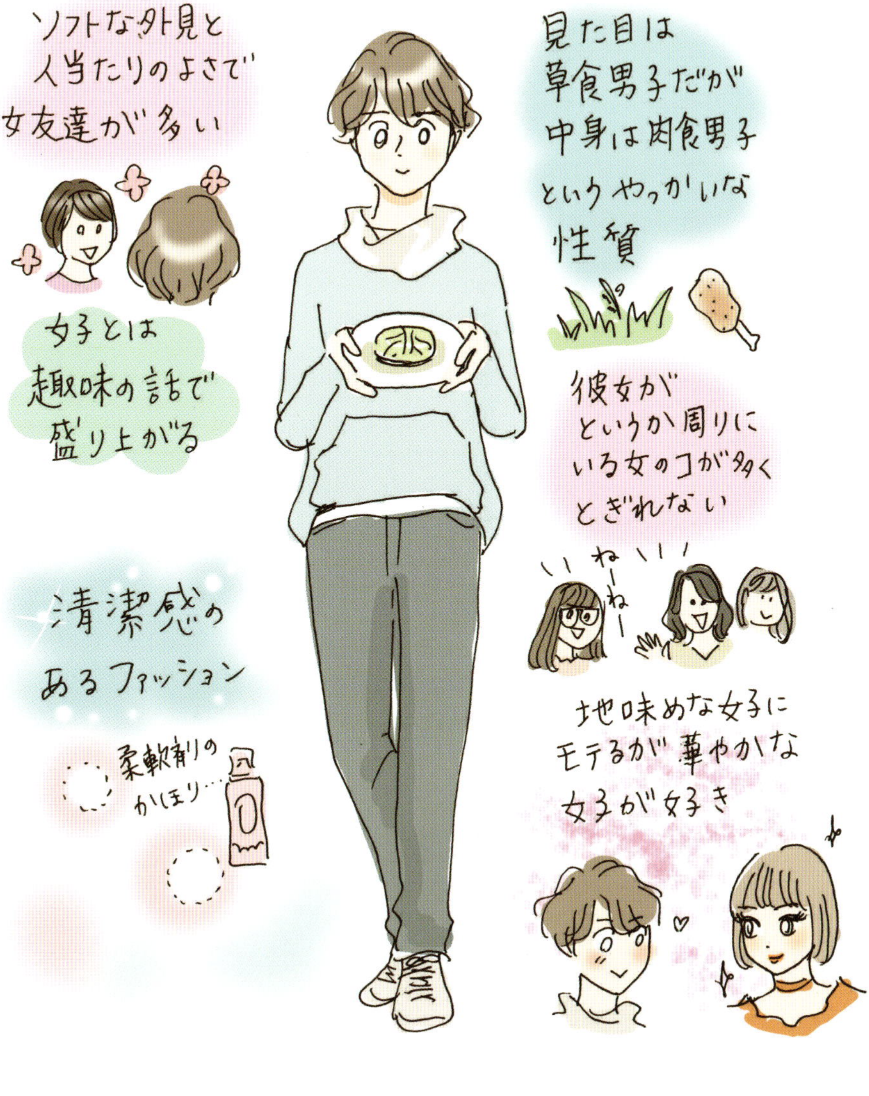
ソフトな外見と
人当たりのよさで
女友達が多い
見た目は
草食男子だが
中身は肉食男子
というやっかいな
性質
女子とは
趣味の話で
盛り上がる
彼女が
というか周りに
いる女のコが多く
とぎれない
ねー
ねー
清潔感の
あるファッション
柔軟剤の
かほり…
地味めな女子に
モテるが華やかな
女子が好き

ロールキャベツって何よ～
野菜と肉でややこしい
なんかめんどくさそ～
オレ、全然めんどくさくないよ～
誤解
誤解
あの映画みたーっ？
アレってさぁ
あら、ホント
一緒にいて楽
イイ奴なんじゃんっ
話があう～
そして二人きりになると
次いつ会える？
積極的！
ぐっ

おとなしそうな外見なのに、グイグイくるあのギャップ
きゅん
私に気がある
しかし
え、他の子にも同じ手口を!?
なにィ
周りに女子友多い
そもそも誰が本命かわかりづらいっ
くっそう
やっぱり、やっかいな奴だったわね
ギャルは魅力だが
一筋縄ではいかないっていう……

ロールキャベツ系男子のトリセツ

趣味が幅広くどんな話にも合わせられる。女性ならではの趣味の話にもついていけるので周囲には常に女友達が。誰とでも平等に話し、誰のことも否定しないので、「一体誰が本命なの?」とヤキモキすることが多いが、それが彼のスタイル。「ただの友達」を装いつつも実は下心もしっかり持ち合わせており、二人きりになった時にぐいっとアプローチされることもあるので気長に待とう。地味めな知的カルチャー女子にモテるが、当人は実は派手目な女子が好きだったりするので、着こなしで他の子と差をつけるのも手。気長に待って自分のものになったとしても、彼は羊の皮を被った狼。あなたというパートナーがいても、他に目移りするし、平気で声もかけるから油断することなかれ。

男子カテゴライズ

料理編

case

04

アスパラベーコン系男子

この男子の特性

髪型も服装もチャラ男風。話上手で、合コンでは盛り上げ役。子どもの頃から空気を読むのがうまく、常にその時々の流行りの服を身につけてきたし、誰にもダサいと言わせない行動をとってきた。外では派手なパフォーマンスを見せるが、実は慎重で臆病なところがあり、傷つくぐらいなら最初から行動を起こさない。一見軽く見えるが、実はかなりの奥手で、学校や職場では目立つ存在ながら、今一つ大きなプロジェクトをまとめることができない。そんな時、純正肉食男子ならば周りの取り巻きからのサポートも手厚いわけだが、アスパラベーコン系男子の場合は外は肉でも中身がポキっと折れている場合も。

ファッションには
気を遣い
パッと見派手
女性に警戒心が…
ビクッ
ねー
実は
隠れ童貞
ということも!?
プライドがやや高いので
扱いに注意
ウッ
ソレ古くなーい?
肉食風の
いでたちに反して
メンタリティは
草食男子!
恋愛に慎重
女性慣れしてそう
なのに
なかなか手を出して
こない
意外と純粋

合コンで知り合った明日原《アスパラ》くん
マジで!?
ちょっと派手で遊んでそうな印象
途中まで順調だったのに
なんで?
そしたらドライブつれてってほし～
なんで?
全く手を出してこない
というかアクションがない!!
…
お誘いはこちらから
会ったら話も弾むしいい雰囲気になるのに
今日も楽しかった
うん
次どうする?!
そういえば

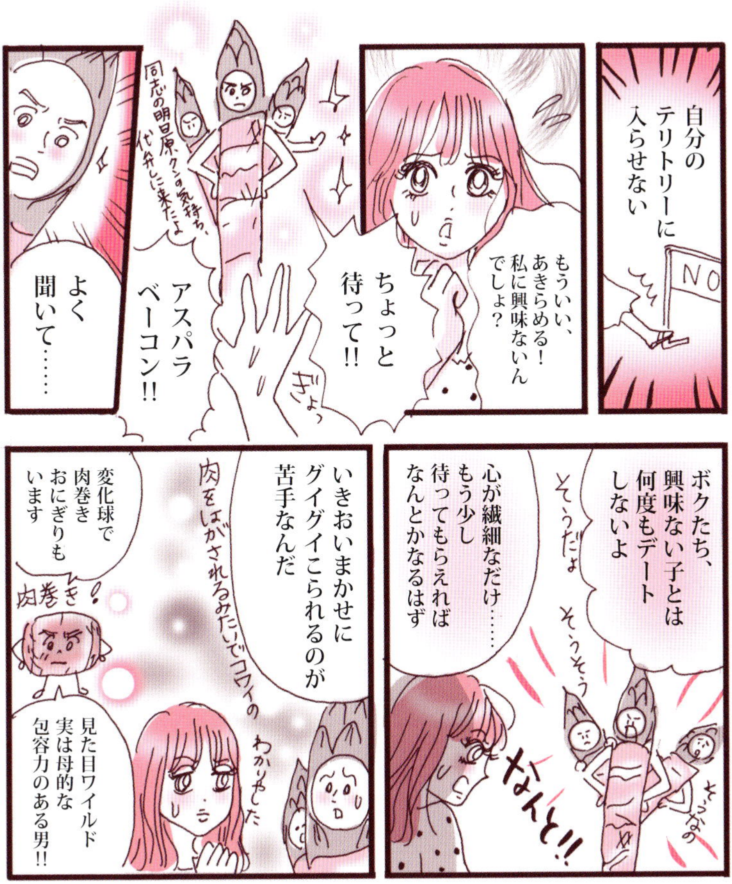
自分のテリトリーに入らせない
NO
もういい、あきらめる！私に興味ないいんでしょ？
ちょっと待って!!
ぎょっ
同志の明日原クンの気持ち、代弁しに来たよ
アスパラベーコン!!
よく聞いて……
ボクたち、興味ない子とは何度もデートしないよ
そうだよ
心が繊細なだけ……もう少し待ってもらえればなんとかなるはず
そうそう
なんと!!
そうなの
いきおいまかせにグイグイこられるのが苦手なんだ
肉をはがされるみたいでコワイの
わかりやした
変化球で肉巻きおにぎりもいます
肉巻き！
見た目ワイルド実は母的な包容力のある男!!

アスパラベーコン系男子のトリセツ

あまり表情を変えないが、褒められると顔が赤くなるシャイボーイ。見た目に反しとにかく奥手なので、こちらからグイグイアプローチしたり、答えを急かしたりしないように。時間をかけてじっくり根気よく関係性を熟成させることができれば、彼からの信頼が得られ、長いつきあいになること間違いなし。異性を外見で判断することはないので、ファッションよりも内面を磨くことに注力して。パートナーになった後も、なかなかトリッキーな彼。相手にリードされた方が確実にうまくいくのだが、そこはデリケートなアスパラベーコン系。自分の価値観を押しつけるような言動はさけ、常に二者択一のプランを提案しながら、「もしよかったら、こっちにしない?」とさりげなくリードしよう。

男子カテゴライズ

料理編

case

05

餃子系男子

この男子の特性

人懐っこくて庶民的。クラスの男子からも女子からも「いやぁ、一家に一台欲しいタイプだよねえ」「定期的に会いたくなるんだよねえ」と言われる愛されキャラ。同級生のみならず、先生や保護者など、大人たちからも信頼されるような安定感があります。肉食系のわかりやすさと草食系の繊細さを持ち合わせており、とにかくバランスがいい。しかもその才能をむき出しにせず、オブラートで包んでいるので、これ見よがしに相手を威圧することがない。スタミナもばっちりで持久力があるので、一つのことにコツコツと長く取り組むことができ、就職後も「一家に一台。いや一課に一枚だよね〜」と職場で重宝される。

押せ押せかと思いきや
急に受け身に
なったりする
落差がはげしい
うちとけると
ちょっとしつこい性格
ハァ
よし！もう一軒
行こか!!
庶民派
一見肉食系か
草食系か
わかりづらい
フレンドリーである
どうも！
スタミナがある！
ニンニク
ニラ
元気
キャラが濃い

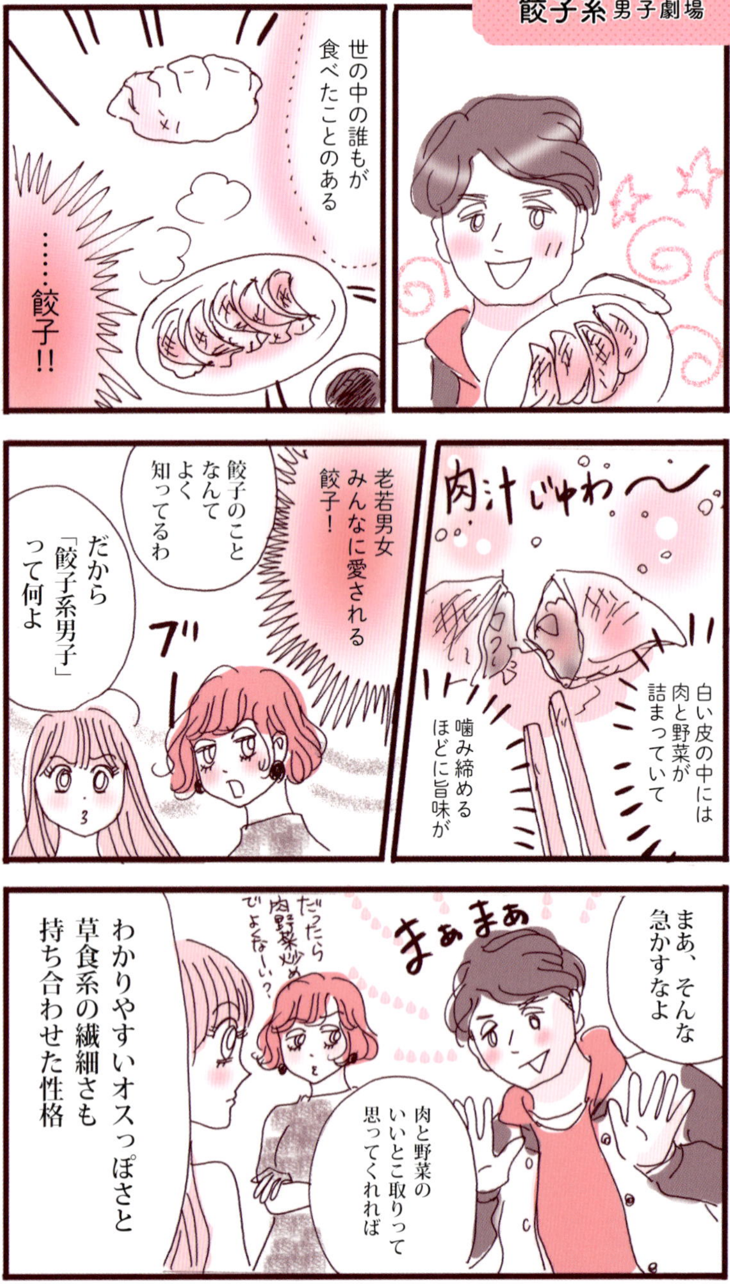
世の中の誰もが食べたことのある
……餃子!!
肉汁じゅわ〜
白い皮の中には肉と野菜が詰まっていて
噛み締めるほどに旨味が
老若男女みんなに愛される餃子!
餃子のことなんてよく知ってるわ
ブー
だから「餃子系男子」って何よ
まぁまぁ
まあ、そんな急かすなよ
だったら肉野菜炒めでよくなーい?
肉と野菜のいいとこ取りって思ってくれれば
わかりやすいオスっぽさと草食系の繊細さも持ち合わせた性格

で、皮に包まれてるんだ
は？
こーゆーこと
皮
肉＋野菜
そりゃギョーザはわかる
パッと見じゃ中身が判断できないっていうか
ま、難しいことはともかく
君たちの周りにもよくいるでしょ？
押しも引きもできる、ノーマルで庶民的な男ってわけよ！
っていうか、そうなったら何も餃子じゃなくてもいいんじゃない？
ニンニク臭いってこと？
お好み焼とかさー
そりゃ、わかりやすくするためよ
わかりにくいって！
一部女子から不評の餃子系男子だった

餃子系男子のトリセツ

大胆さとデリケートさが同居しているので普段はバランスがいいが、時々どちらかが振り切れることがあり、つかみどころがないところも。誰からも愛され、誰にでも愛想がいいので、「本当はどう思ってるの?」「私が好きなんじゃなくて、人が好きなんじゃ。つまり相手は誰でもいいんじゃないの?」と不安になることも。ただし、つかみどころがないのは最初のうちだけで、打ち解けると個性を前面に出してくるので、「私だけに本当の自分を見せてくれているのね」と安心できる。一度つきあうと後を引くタイプだが、ちょっとしつこいところもあるので、程よく距離を取りながらつきあうべし。それまで気にならなかったニンニク臭が気になり出したら潮時かも。

男子カテゴライズ

料理編

case

06

ジビエ系男子

この男子の特性

寡黙でニヒル。世の中をちょっと斜めから見ていて何事にも懐疑的。クセが強いので、とっつきにくいけれど、どこかミステリアスな魅力があり、ほおっておけない。独自の価値観を持って生きているため、なかなか周りから受け入れられず、また自分からも溶け込むことを試みない孤高の人。人に馴染もうとしないが、実はさみしがり屋な一面も。会社員ではなく自由業もしくはフリーランスの人が多い。唯一無二の存在感があり常に一目置かれるので群れないわりに干されることもない。組織に属していない分発想が自由で、物事を斜めから見ている分色々な角度の視点を持っているため、意外にコンサルタント的な適性も。

細くて引き締まった body
野性的な佇まい
独自の世界観を持って生きている
一見 恋に落ちにくい
カーキ色やアースカラーを好む
同化
運動能力が高い
ヒョイッ
環境問題に関心が高い
世の中をシビアな目で見ている

キラ〜ン
あなたの近くにもいませんか?
物静かで陰があるんだけどワイルドな魅力の男子
何考えてるのかなジビエくんって〜
ちょっと気になるよねえ〜
うんうん
お腹減った
マインドフルネス
何も考えず今を生きる男
合コン?行かない
バーベキュー?アウトドアは好きだけど、やっぱり一人がいいな
みんなで旅行?やめとく一人旅が好きだから
一般的な出会いの場を拒否
つれな〜い

ジビエ系男子のトリセツ

団体戦が苦手なジビエ系男子は、あまり人を寄せつけないので、どうやってコミュニケーションをとったらいいのかわかりづらい。ただ、群れるのが嫌いで、常に単独行動している分、話しかける勇気さえあればいつでも脇は空いている。恐れず、まずは声をかけてみよう。意外に意識高い系なので、環境問題について話題を振ると食いつきがいいかも。「自分らしく生きるとは」など深いテーマをとことん話し合ううちに、いつしか心が通い合い、結びつきの強いソウルメイトに発展するかも。ひとたび仲が深まったら、あとは安泰。つかず離れずのいい関係に。一緒にライフワークともいえるプロジェクトに没入することで、関係性がいい具合に昇華していく。

男子カテゴライズ

料理編

case
07

ごはん系男子

いいって、いいって。
気にすんな！

この男子の特性

元気いっぱい、愛嬌たっぷりの人気キャラ。ちょっとおばさんっぽいところがあり、面倒見がいい。聞き上手で自分からの主張はしないので、学校でも職場でも近所でも悪くいう人がいない。どんなタイプの人でも大抵受け入れ、大地のような安定感がある。ミステリアスな部分が少ないので、男性としての魅力に欠けるが、いいお父さんになり、他のお母さんたちの中にも違和感なく溶け込む。そんなごはん系男子が力を発揮するのが、女性が多い職場やPTAやママ友会。女性だけだとちょっとギスギスしてしまうような場面でも、ごはん系男子がいることで、物事がスムーズに回ることが多く、重宝される。

中肉中背
色気はない
男友達が多い
わや
わや
クセのある人
濃いキャラの人に
合わせられる
愛想がいい
明るく面倒見の
いい性格
少々おばさん
ぽい
自分から
強い主張はしない
聞き役
和を大切にする

こんにちは
ボク、ごはん系男子
最近恋愛に悩んでて〜
どした〜？
肉山くん、他の女子と遊びまくりで〜
ギラ☆
え〜、ヤダ〜
逆にこっちの草野くんは、煮えきらなくてイライラする〜
もう私たち、恋愛に疲れた
押しても引いてもダメ〜
ちょっと待った
そんな女子にうってつけなのが
パカーン！
ごはん系男子
誰!?
ごはん男子

ごはん系男子のトリセツ

男子からも女子からも日々相談ごとが持ち込まれるほど人望が厚い彼。気持ちが弱っている時に無償の愛を注いで支えてくれる大地のような包容力がある。安定した家庭を持ちたい女子にはうってつけ。気があるならば、相手の行動を待たずにこちらからストレートに気持ちを伝えるのが吉。うまくいけば結婚を前提としたいいおつきあいができるし、仮に思いどおりの返事が返らなかった場合でも、元の友達に自然に戻れるよううまく運んでくれる。時々「よくいい人って言われるけど、どうでもいい人ってことなんだよね」と落ち込むこともあるが、そんな時にはそっと寄り添ってあげて。事実ごはん系男子がそばにいないと力が湧いてこない。周りの人にとって、なくてはならない存在なのだ。

男子カテゴライズ
料理編

case
08
乳製品系男子

この男子の特性

色白でぽっちゃり。オスっぽさを全面に出さないので、「え〜。●●君のお肌ぷにぷにしてそう。ねえ、触っていい？」と女子からスキンシップを取られやすい。人当たりがよく物腰も柔らかいので、誰からも好かれるが、優柔不断なところが玉に瑕。決断を迫られてものらりくらりとかわす傾向にあり、リーダーシップをとるのが苦手なので、部活でキャプテンを任されたり、職場で責任のあるポジションに抜擢されることは少ない。甘えん坊で平和主義。考えが稚拙で乳臭さがあるのはご愛嬌。お母さんの影響が強いため、考え方がフェミニンで、何気なく発した女性リスペクト発言が「先進的」ともてはやされることも。

おっとりしている
色白さん
人当たりが良く
マイルド
つき合うと充実する
（栄養たっぷり）
牛乳
MILK
争いごとが苦手
平和主義
居酒屋より
カフェが好き
お母さんっ子
甘えんぼう
フェミニン
ほっこりムード

乳製品系男子劇場

グラタン
バター
ソフトクリーム
カフェラテ
ヨーグルト
チーズ
女子は大好き乳製品
このミルクシェイク超美味しい～
女子には歓迎ムードの
ほっこり
乳製品系です
あ、ミルク君
レポート見せて～
いいよー
優しく穏やかゆえに女子も警戒心なく近寄れる
わらわら
ねえねえ、僕たちも入れてよ
仲間だよ～

あっさり
僕はヨーグルト系男子。ちょっと爽やかでしょ？
僕はチーズ系男子
ちょっと華やか
発酵・熟成されてより味わい深いよ
ボリューム満点
僕はバター系男子。コクがあってつきあい甲斐があるよ
そんな仲間が集まれば
でさー
きーゃぴ
わかるー
きーゃぴ
可愛い〜写真とろー
ボクもー
マイルドなキャラだけに女子会っぽくなりがちな乳製品系男子である

乳製品系男子のトリセツ

何と言っても人あたりがマイルドな乳製品系。一緒にいるとほっこり落ち着く。「●●君と一緒にいると癒される〜」という女性がいつも周りを囲んでいる。自分だけが特別な存在として認識してもらうためにはハードルがあるが、お母さんっ子の乳製品系男子には、母親のごとく包み込むように接するのが吉。和食より洋食を好む傾向にあるのでご飯に誘う時はフレンチかイタリアンに。カフェでまったりする時間も大好きなはずなので、「近くにいい新しいカフェ、見つけたんだ」と積極的に誘ってみて。つきあうと甘えん坊キャラ全開になる。お腹がいっぱいになると横になりたがったりと怠け癖もあるので、時々母のようにたしなめてあげて。

男子カテゴライズ

料理編

case 09

絶食系男子

この男子の特性

野菜も食べない、肉も食べない。どんな食べ物も口にしないので栄養が取れず、スタミナ不足。そのため、少量のエネルギーを小出しにしながら生活している。清潔感があり、服装も洗練されているが、その装いは異性に好かれるためではなく自分自身のため。人とスキンシップをとるのが苦手で、キスどころか、手を繋ぐのさえ抵抗がある潔癖主義。好きなもの、嫌いなものがはっきりしていて独立独歩。学校でも職場でも地域でも浮いた存在。ある意味「圏外」で生きているが、電波が届かない場所にいるだけで人を傷つける意思はない。よって敬遠されることはなく、自分の周りに不思議な真空状態を作り上げている。

気持ちよく
枯れている
清潔感がある
先端
キレイ
自分のライフスタイルが
確立されている
男女関係に
ある種の悟りをひらく
洗練されている
恋愛に興味が
ない
中性的な雰囲気
生々しいことが
苦手
イチャ
イチャ
生まれつき絶食、
色々あった末の絶食、
人それぞれ…
生活は
ミニマリストの傾向
もしくは趣味に没頭

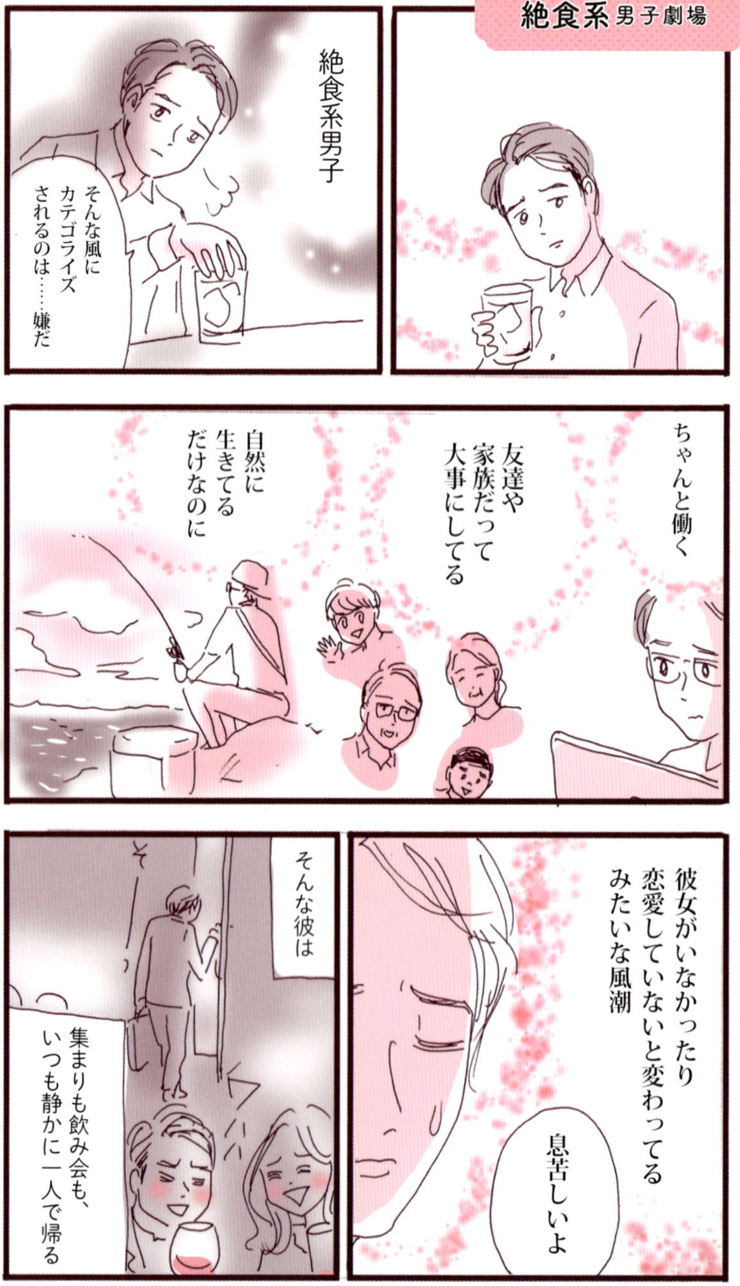

絶食系男子
そんな風にカテゴライズされるのは……嫌だ
ちゃんと働く
友達や家族だって大事にしてる
自然に生きてるだけなのに
彼女がいなかったり恋愛していないと変わってるみたいな風潮
息苦しいよ
そんな彼は
集まりも飲み会も、いつも静かに一人で帰る

絶食系男子のトリセツ

自分の世界の中で生き、自己完結している彼。恋愛自体にそれほど興味がないので、たとえあなたが気があったとしても、彼が振り向いてくれるとは限らない。仮に珍しく恋愛モードだったとしても、プライドと理想が高いので、取り扱いは慎重に。もし交際するまでの関係にまで発展したら、とにかく自分の時間を大切にさせてあげて。相手がしていることに干渉せず、自分は自分で楽しみを見つけて程よい距離を取りながら接すればうまくいくはず。生々しいことが嫌いなので、スキンシップを求めるのはご法度。いざつきあうと、理想がエベレスト並みに高いことに驚愕するかもしれないけれど、それもこれも恋愛経験が少ないことが引き起こた妄想。温かい気持ちで受け止めてあげて。

Column

そうしょく系男子

そうしょく系【草食系・僧職系・装飾系】

こんなダジャレのようなくくりで
申し訳ないですが、そこには意外な
共通点が…!?
それは旧式の男らしさの縛りから
超越した存在であること
そんなそうしょく系男子に
クローズアップ！

男
新太類
そうしょく系
男子

草食系男子

好きな人に話しかけられると恥ずかしいと感じる

自分から話しかけるのが得意ではない

恋愛や異性との人間関係を築くのに自信ない

男性がリードしなくていいよね
誘ってくれたらいやじゃない
上手くいかなかったらすぐ諦めよう
ガツガツできない

僧職系男子

経済的にも安定しているが立場上あまりそれを出せない
私服をチャラつかせられない
髪型も盛れないので腕時計・靴・カバンに凝る
意外とブランド志向
代々続く寺院の息子だったりするのでボンボン体質
スキンヘッドゆえにそれでイケメンに見えるということは真性イケメンと思って間違いナシ！

装飾系男子

パターン1 とにかく着飾る・盛るファッションが好き
メイクも当たりまえ〜
パターン2 小物でギラギラしたい
パターン3 自分じゃなくて自分のモノをギラギラさせたいっ
まけた〜
ドッカーン

CHAPTER 2

オモシロ生態を探る

動物 編

この章では、男子を動物にたとえ、
カテゴライズしています。
動物の生態と男子の生態をリンクさせ、
その愛すべき生態を分析できればと。
生態というより明らかに外見の特徴だけで
判断しているところはご愛嬌！
あなたの周りの男子はどの動物に近い？

PCを使う様は知恵のあるゴリラ風
カタカタカタ
穏やかな性格
どうぞ
とにかく懐っこい
意外に声が大きい
あのざ
結婚すると協力的
巣作りっ
無駄にしなやか
丸っとして大柄だけど動きは静か

男子カテゴライズ

動物編

case

01

ライオン系男子

この男子の生態

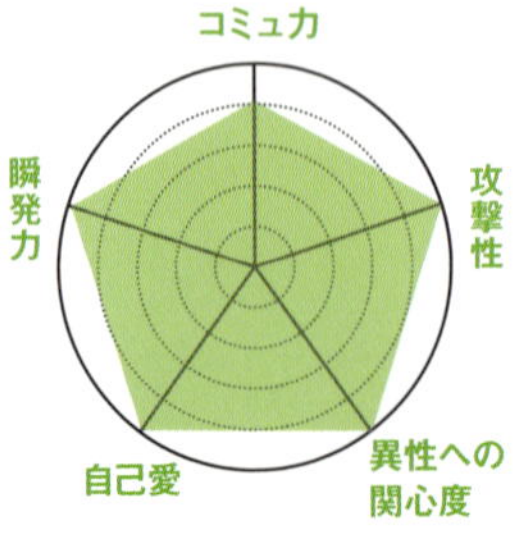

みなぎるエネルギー、溢れ出る男性ホルモン。どんな敵をも寄せつけない王者の風格。赤や黒などのはっきりした色を好み、速いもの、大きいもの、太いものを無条件でリスペクトしている。男性ホルモンが多いため、中年以降は毛量が減りたてがみ感は薄れるが、それでもモテ体質は衰えず。家ではダラダラゴロゴロ、あまり役に立たないが、肝心な時に俊敏さを発揮し問題解決に当たるので、一家の大黒柱の威厳はしっかり保つ。

男性ホルモン過多
ダラダラしてあまり役に立たない
だらだら
けどモテる
どこか憎めない存在
自信みなぎるワイルドな男！
好き嫌いの別れるくどめのイケメン
特濃
ハーレムを作る
威圧感がある
毛量が多い

小学生の頃は
かけっこ1位
中・高では目立つグループの真ん中に君臨
大人になるとちょっと
怠惰
だらだら
オマエさ～もっと努力しろよ
スポゴリ系男子
ポテンシャル高いんだから
向上心はないのかよ？
ライオン君って学生時代がピークってタイプかな
そもそもボクの存在なんて知らないか…
努力？
コワイ
そのへんにいる雑魚と同じにみてもらっちゃ
困るぜ

オレは
誇り高きライオン!!
どうなろうと
オレの道を歩くゼ
じゃあな
60年後
肉食いたいな肉っ!!
デイケアセンター
ステキ〜
談話室
生まれ持った性質で一生オスなライオン系男子であった

ライオン系男子のトリセツ

ちょっと濃い口、くど目のイケメンだが、小さい頃から日向街道まっしぐらで生きてきたため、自己肯定感が非常に強い。常に周りに女子をはべらせておきたいタイプなので、まずは団体戦から開始しよう。絶対王者としてのプライドがあるので、彼が完全に間違っているようなことでも真正面から指摘するのはNG。さりげなく脇からサポートしているうちに信頼度が増し、特別な存在として認めてもらえる。サシでの勝負はそこから。それまでじっくり待とう。強者・王者の彼をパートナーに持てば結婚後も安泰。子育ては厳しく、可愛い子ほど崖から突き落とすような教育をするが、それも次世代の強者・王者を育てるための愛のムチ。

男子カテゴライズ

動物編

case

02

柴犬系男子

この男子の生態

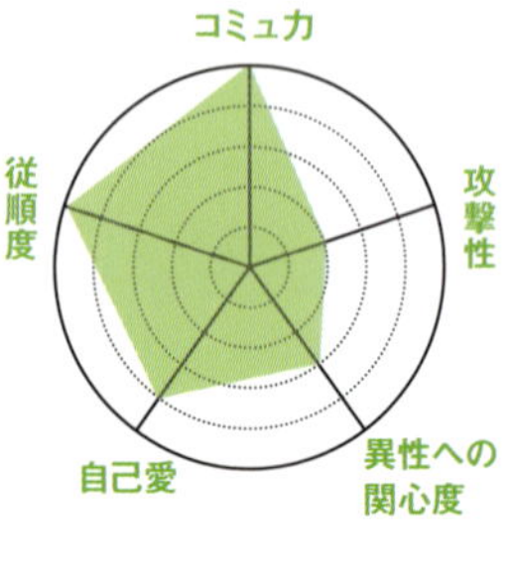

中肉中背。黒目がちな目でまっすぐ相手を見る。可愛がられることに貪欲。承認欲求が強く、相手に認められるために努力する頑張り屋さん。尻尾をフリフリ、体をスリスリ、とにかく人懐っこくて、相手の懐に中にすいーっと入るのがうまいから、学校や職場でも愛される。ただし、男性としてというよりは、本命が他にいながら弟分として重宝されるパターン多し。

従順である
ごめん　わかった
私そういうのやだ!
可愛らしいつぶらな瞳
うるうる
ないがしろにされると…
時々噛みつく
ガルル!
自分なりのルールがある
可愛げはトップクラス
とにかく
懐っこい
背は平均以下で小柄
アホっぽいところもあるが
素直で
頑張りやさん
みてみてー
がんばったよー

ボク柴犬系男子
ごきげん
いつも元気
常に誰かと一緒にいたい…♡
相手の喜ぶ顔が大好き
嬉しい
その為には一生懸命
最近は癒されたい女子が多いから
かわいい…♡
男は純粋がイチバン
稼ぎが少なくても
ちょっとオバカでもOK
稼ぐ男は浮気するから…
人気上昇中
でもいつも従順なワケではない

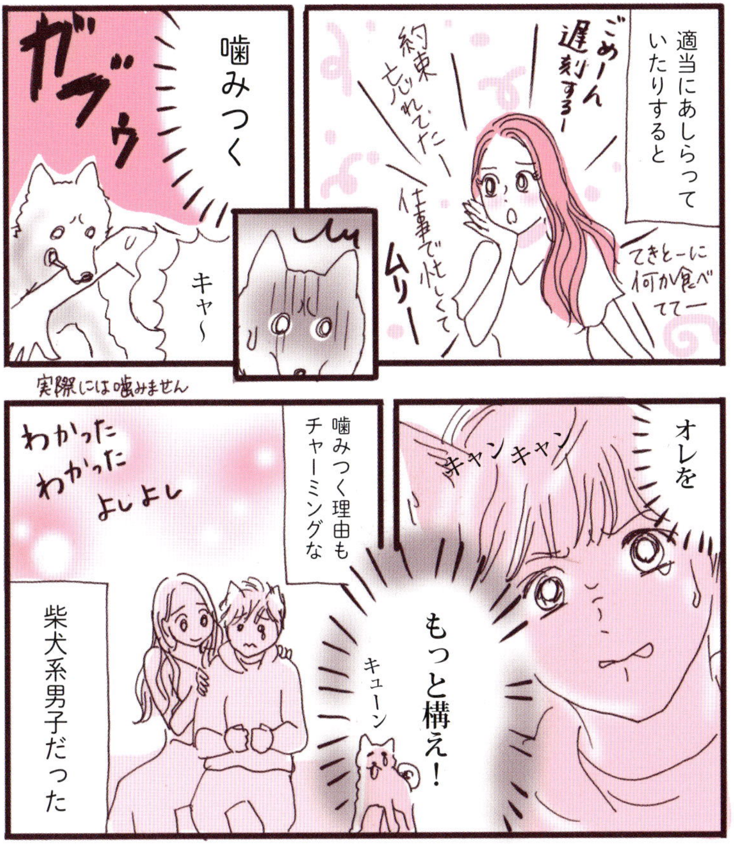

柴犬系男子のトリセツ

誰にでも優しく接する柴犬系男子。じゃれあっている相手の女性も、実は本命が別にいたりするので、意外に複雑。「あの人は相談相手で、あの人はカフェ友で」と周りの女性を一人ひとり頭の中で整理してみよう。友達は多くても恋愛となると話は別かもしれない。見込みがありそうならば、変化球はやめて直球勝負で相手に気持ちを伝えるべし。本気度が伝わったら、結婚を前提とした真面目なおつきあいも夢じゃない。一度信頼したらとことん相手を信頼するのが柴犬系男子なのだ。パートナー関係になると絆が深まる柴犬系男子だが、その絆を過信していると時々痛い目に合うので気をつけて。従順な彼に甘え、あまりにも放ったらかしにしていると、噛みつかれる羽目に。

男子カテゴライズ

動物編

case

03

猫系男子

この男子の生態

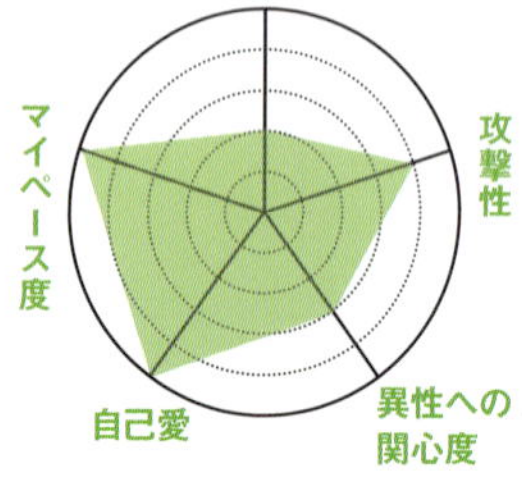

華奢で体が柔らかく、動きがしなやか。警戒心が強く、ちょっとやそっとじゃ近づいてこない。でもふと気づくとものすごく近くにちょこんと座っていたりする気まぐれ屋。愛想はふりまかず、一見怒っているようにも見えるのに、時々急に「ニカッ」と満面の笑みで接してくることもあり、心が読めない。才能はあるが、能力を表に出さず、常にミステリアスな雰囲気を漂わせている。

ポテンシャルは高いのに
力を出さない
夜行性!
キラ〜ン
ツンデレ
マイペース
ラインしてても
いきなり(寝て)
途切れたりする
え?
も〜
ネコ科のライオンとの
共通点も多く 他の動物の
獲物を横取りすることも
(!)
ネコババ!
無駄にしなやか
ふりまわされるのが好きな
Mっ気のある女子と
相性よし

ふと思う
女子で猫系の子は魅力的な気がするけど
ツンデレ
小悪魔
気まま
男子で猫っぽいとなると
途端になんかヤな奴じゃないかと…
ツンデレ
小悪魔
気まま
そう、確かになんかちょっとヤな奴ではある
群れない
男友達もあまりいない
マイペース
気まぐれ
そういう余裕っぷりがムカつくけど気になる～
のよね～
好みがわかれる
私ああいう男マジ無理
ハマらない人はハマらない
イラッとするわー
って文句言いつつ
オレのこと気になるんでしょ

世のけっこうな数の人々が猫の魅力にだだハマりしている現実もある
ナワ〜
朝ごはんにゃわァ
ウチではミルクちゃんが1番地位が高い
やめて〜
彼
彼のために働いてるの私♡
バッサ
仕事できないじゃないの〜
好きなのは理屈じゃないの!!
同じネコ科でもライオンはもっとワイルド
振り回されるのが楽しいのよ
ハマりすぎ注意の猫系男子であった

猫系男子のトリセツ

心が読みづらく、一見何を考えているのか分からない猫系男子。自分のことをどう思っているのかわからずにモヤモヤすることも多いはずだが、わかりやすい男子には魅力を感じない自分の性質を受け入れるしかない。振り回されても平気、あるいは振り回されるのが好きな女性と相性がいい。あったかいところを見つけてはゴロゴロ寝てばかりいても、マイペースな行動をとっていても、そこがチャーミングだと思える女子ならつきあいが長続きする。静かな空間が大好きで大きな物音が苦手。過度なスキンシップを好まず、かまいすぎるとイライラする彼。お互いストレスをためない程度に、程よい距離感を大切に。こだわりが非常に強い一面があり、気に入らないものは頑なに受け付けないので注意。

男子カテゴライズ

動物編

case

04

スマゴリ系男子

この男子の生態

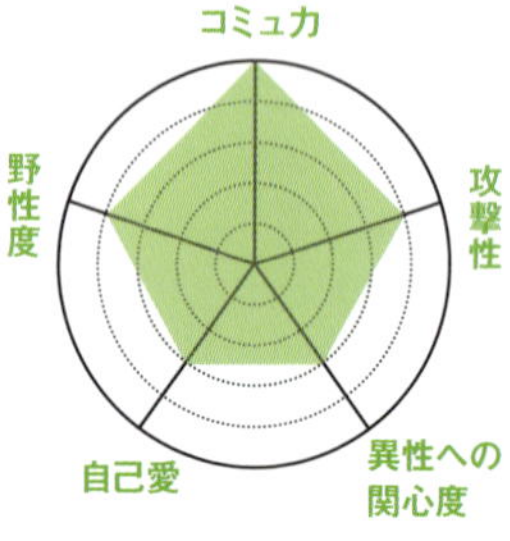

ハリのある胸板。逆三角形のがっしりとした体型で野性味がありながら、意外に気配り上手。早寝早起き、学校も仕事も休んだことがない健康優良児。眼光鋭く、敵を察知するのが早い。危機管理能力が高く何かあった時の判断力対応力に長けているので、職場でも頼りにされる。正統派のイケメンではないのに意外にモテるため、異性慣れしている。

セクシーで綺麗な人が大好き
ボク案内しますよ!
ウホ
自分に自信があって異性慣れしてる
コミュ力高い
隠れ遊び人疑惑!?
夜も強い!?
体力アリ!
早寝早起得意
仕事が早い
意識高め
ゴツい
PCを使う様は知恵のあるゴリラ風
カタカタカタ
何をしてもゴリラっぽく見えてしまうところが可愛い
(ゴルフ)
コン
(運転)
(飲酒)
(バナナ)

スマゴリ系男子劇場

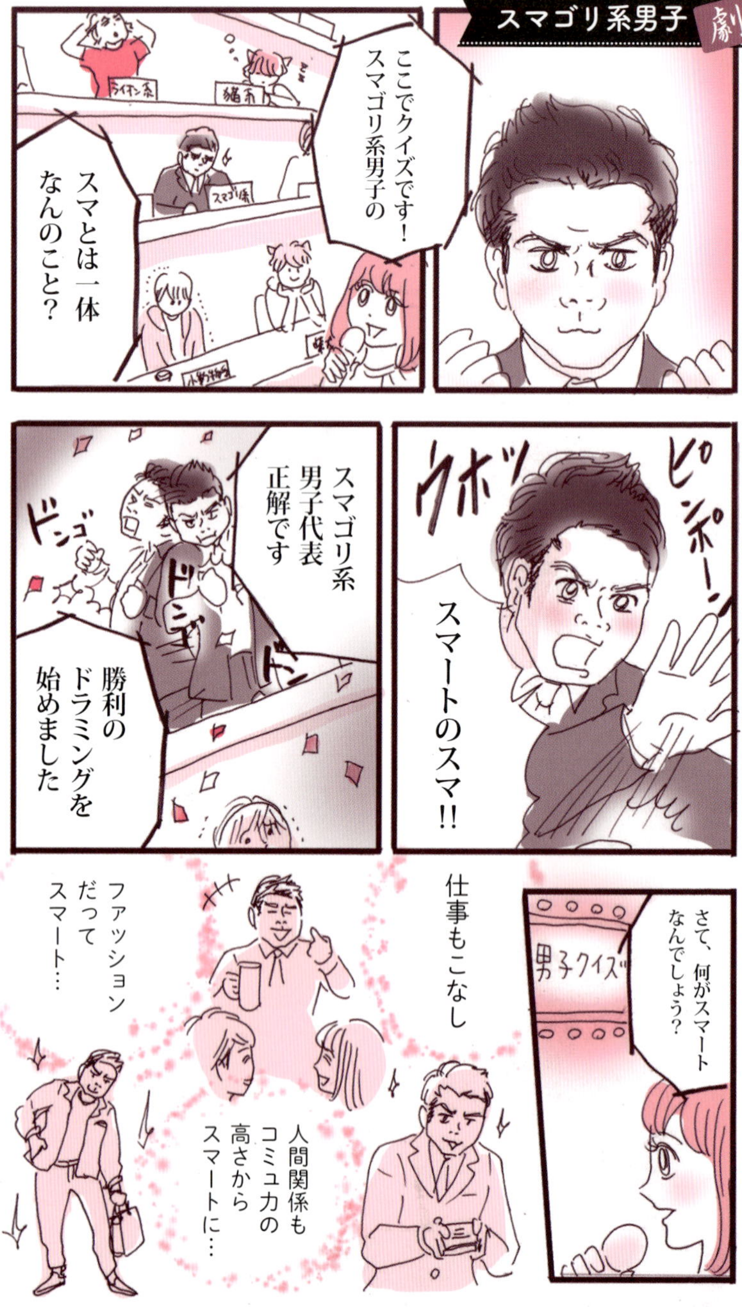
ここでクイズです！スマゴリ系男子の
スマとは一体なんのこと？
ウホッ
ピンポーン
スマートのスマ!!
スマゴリ系男子代表正解です
勝利のドラミングを始めました
さて、何がスマートなんでしょう？
男子クイズ
仕事もこなし
人間関係もコミュ力の高さからスマートに…
ファッションだってスマート…

スマゴリ系男子のトリセツ

小さな頃からやんちゃで外遊びばかりしていた割に女心を読むのがうまく、意外にモテる。彼女が途切れたことがないため、なかなか入り込む隙がないが、諦めず自分磨きをして好機を待とう。家庭的な人が好きというわけではないので、家事の腕を上げる必要はなく、自分がやりたいことにまっすぐ向き合い、自分らしく輝いていることが大事。群れで生きるのが得意なスマゴリ系男子は、結婚後、子ども同士のケンカの仲裁をしたり敵から家族を守ったりと大黒柱の役割を遺憾無く発揮。ドラミングで敵を威嚇するが、これは自分の縄張りの範囲を知らしめる平和交渉の手段でもある。自分が興奮したときドラミングで心を落ち着かせることも。見た目とは違いデリケートなところも理解してあげて。

男子カテゴライズ

動物編

case

05

ラクダ系男子

この男子の生態

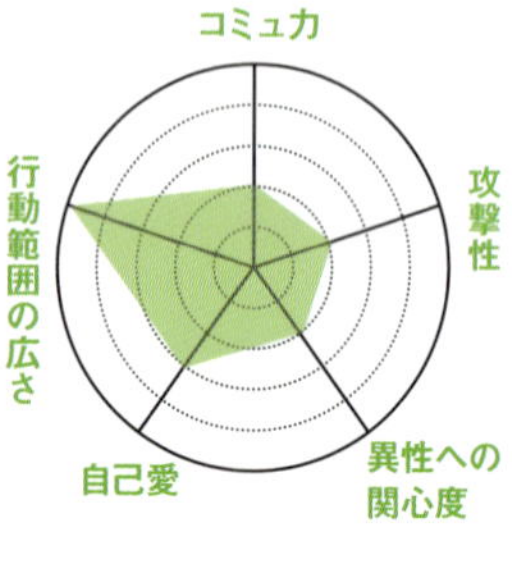

すらりと長い手足。まつげが長く、エレガントな顔立ち。無口で一見自己主張がなさそうに見えるが、実は哲学者ばりに色々思考している。とても辛抱強く、無理難題をふっかけられてもコツコツこなし、課題をクリアしていく。同じことを繰り返し繰り返しする能力にも長けており、長期スパンのプロジェクトの遂行に向いている。

重い荷物もどんとこい
キャメル色を好む
辛抱強い
のっそりしているが
持久力 耐久力があり
おだやか
徹夜でやれって
……はい
Mっ気あり
湿気が苦手!
細長い首と手足
フサフサの眉毛にまつ毛
細いのにタフ!
意外に声が大きい
あのざ〜

シルクロード
一歩一歩
ギラギラ
乾燥
重い荷物や過酷な気候にも静かに耐え
一定のリズムで歩を進める
悠久のシルクロード
そして現在、日本
落田《ラクダ》このデータまとめといて…
これもな！急げよ！
はい
わかりました

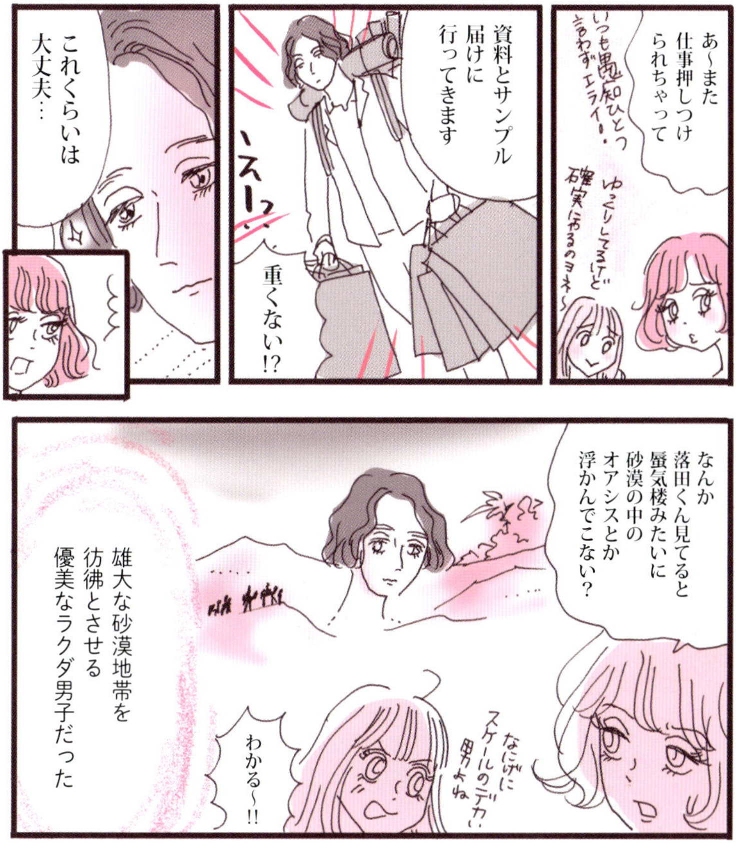

あ〜また仕事押しつけられちゃって
いつも愚知ひとつ言わずエライ・・
ゆっくりしてるけど確実にやるのヨネ〜
資料とサンプル届けに行ってきます
スー…
重くない!?
これくらいは大丈夫…
なんか落田くん見てると蜃気楼みたいに砂漠の中のオアシスとか浮かんでこない？
なにげにスケールのデカい男よね
わかる〜!!
雄大な砂漠地帯を彷彿とさせる優美なラクダ男子だった

ラクダ系男子のトリセツ

物腰柔らかな彼。学校や職場では、目立つ存在ではなく、いつも誰かをサポートする側にまわっている。自分から何か発言することがないが、常に全体のことを俯瞰で見ながら思考しているので、悩み事があった場合は相談してみると的確な一言が返ってくる。アーティスティックな一面がありクリエイティブ。穏やかな性質で人懐っこく、誰かに食ってかかることは滅多にない。外気温に合わせて自分の体温を自由に変化させることができるラクダのごとく、周りに同調できるのも魅力。反芻作業が得意で、過去にあったことをしっかり思い返して内省し、明日への糧にできる強さも持ち合わせている。ロマンチストでもあるので、一緒に壮大な夢を抱き、長い時間かけて実現してみては？

case 06

小動物系男子

この男子の生態

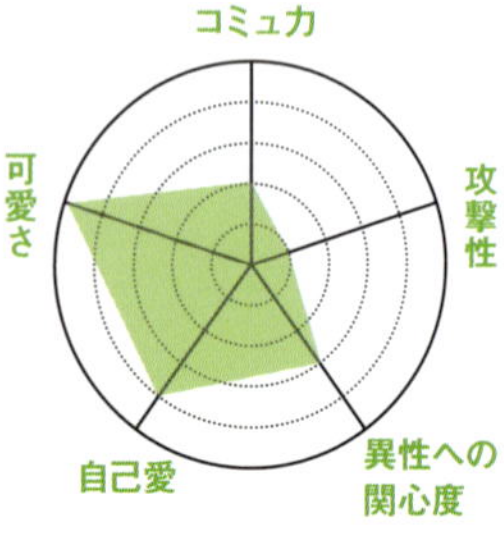

小柄で癖っ毛。もこもこした服やゆるっふわっとした服が好き。萌え袖が似合う弟キャラ。ちょっとでもストレスを感じるとすぐにお腹が痛くなったり、吹き出物ができたりする。そんな自分の性質をよく知っているからか、危険を察知すると行動する前に逃げるか表に出なくなってしまう。なかなか重要な仕事は任されにくいが、いると場が和むのでムードメーカーとしての存在価値が。

小柄
中性的
服ぬぐと細い
優しげな雰囲気で
親しみやすい
穏やかな性格
どうぞ
食事はヘルシー指向
サラダ
もしゃもしゃ
危険やストレスを
感じると逃げ出しがち
ストレス
も〜イヤ
動作が可愛く
癒される
守ってあげたくなる存在

ショコショコショコショコ
ショコ
やっぱりハムスター可愛い～
私はリスが好き～
フェレットもキュンキュン
〈小動物のよさ1〉
小さいところがいい♡
〈小動物のよさ2〉
フキフキ
しぐさが可愛い
あとなんと言ってもアレじゃない？
アレ…？

困ってる時のキョドッた感じがたまらない
〈小動物のよさ〉
アワワワ
カタカタカタカタ
いつまでやんのこれっ
ストレスを感じた時の動きも可愛い
だからワザと困らせたくなるっていうか…
ニヤァ…
わかる～
私の中のイタズラ心に火をつけたのは君よ
罰として走ってコンビニで一番高いアイス買ってきて
1分で
やめて～
えっ えっっ
なんの罰？なにもしてないいんですけど
虐待はやめましょう
ちょっとSっ気のある女子にはたまらない小動物系男子であった

小動物系男子のトリセツ

守ってあげたくなる、包み込みたくなる、ついかまいたくなる…そう思わせるのは、何と言っても小動物系男子の見た目の特徴。小柄なので、相手を見るとき上目遣いになることが多く、潤んだ黒目がちな瞳で見つめられると、キュンとなってしまう女子は多い。動きがちょこまかしていて何とも愛くるしい。臆病で寂しがり屋。頼り甲斐はないがそれでもなぜか気になる彼。男性らしさのかけらもない小動物系男子のことがどうしても放っておけないとしたら、それはあなたの母性の強さからくるもの。あなたが自立心旺盛な女性なら、彼の癒しの力は、頼り甲斐よりも経済力よりもずっとあなたに必要なものなのかも。ただしSっ気を持って接するのはほどほどに。

男子カテゴライズ

動物編

case 07

カラス系男子

この男子の生態

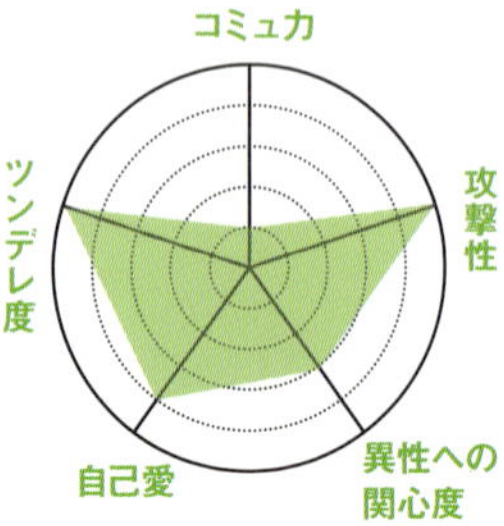
コミュ力
攻撃性
異性への関心度
自己愛
ツンデレ度

常にみんなの周りをウロウロしている割に交わろうとしない。黒づくめでものものしい雰囲気を漂わせ、特に具体的な発言はないのに、周りから「あいつは社会を斜めから見ているのではないか」と思われがち。近寄ると怒られそうで、近づけない。実際に怒らせると意外に執念深く、執拗にやり返してくる。警戒心が強いが、それもこれも巣を守るため。学校や職場でも敵には攻撃的だが身内には穏やかな一面を見せることも。

黒を好む
モードな雰囲気
結婚すると協力的
巣作りっ
キレイなモノ
光りモノが
好き
知能が高いが
陰のあるイメージ
1人遊びが得意
髪の毛が
漆黒でつややか
つやん
オイ
怒ると攻撃的

オレはかつて孤独だった
人を寄せつけない黒いファッション
しかも光リモノ好き
どういうことだよ！
一度キレると容赦しない
そして執念深い性格
アイツどうやって思い知らせてやろう…
そんなイメージもあって孤独な日々を送っていた
一人遊び好きだから別にいいけど

だがある時から変わったのだ
家庭を持つと
我が巣を死守!!
役立つ〜
オレは働く!!
全力で守る!
そしてコワそうな見た目も執念深い性格もプラスに転じた!
我が家の優れた警備員
何見てんだっ
スミマセン
カラス系男子身内になるといいかもよ♪

カラス系男子のトリセツ

一人でいることが多く、一見何を考えているかわからない彼。でもアーティスティックな雰囲気を漂わせる彼のことがどうしても頭から離れなくなったら、恐れずに勇気を出して話しかけてみよう。実は巣作りに一生懸命になる家庭的な一面を持っており、ひとたび打ち解け身内として認めるや、ガラッと接し方が変わる可能性も。世間からは「害があるのでは?」「ずるいのでは?」なんて勘違いされているが、実は餌を確保するために頭を使っているだけ。貯食で知られるカラス同様、生きる糧となる食べ物をしっかり蓄えてあとで食べる習慣のあるカラス系男子は、結婚後は、家庭をしっかり守るいい夫、いいお父さんに。多いと一日に数回お風呂に入るキレイ好きな面も。

男子カテゴライズ

動物編

case

08

フクロウ系男子

この男子の生態

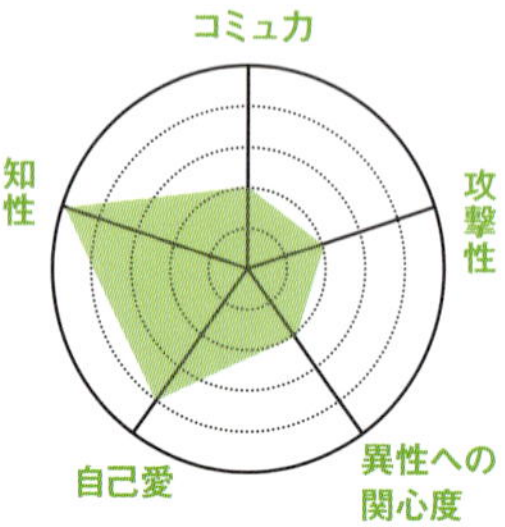

ずんぐりとした体型、クルーネックの茶系のセーターにメガネ。学生時代から学校の図書室や地域の本屋をこよなく愛し、「歩きながら本を読んだら危ないよ」とよく注意されていたほどの読書好き。知的好奇心が旺盛で多くの知識の蓄えがあるが、決してそれを周りにひけらかすことがない賢者。学校や職場でスーパバイザーの役割を任されることが多い。

丸っとして
大柄だけど
動きは静か
知的で物知り
落ちついている
ひけらかさない
夜行性
夜遊び
するわけではなく
夜に集中力が
上がる
興味あることは
とことん観察！
万葉集をひもとく
キョロッ
精神性が高い
なつくとかわいい
鋭い眼光！

物音を発することなく
存在感が際立つ不思議な男
知的な目力！フクロウ系男子
もっさりした見た目だが
どんくさそう？
のそっ
知的好奇心が強く
探求！
バサバサ
意外なフットワークの軽さ！

フクロウ系男子のトリセツ

夜にめっぽう強いが、決して夜遊びの誘いにはのらず、家にこもって興味のあることへの調べ物に精を出すタイプ。夜のデートの誘いは避け、「今、●●●に興味があるの。調べ物がしたいから一緒に本屋さんにつきあって」と誘ってみて。用事が終わったらすぐに家に帰ろうとするので、次のプランの用意も忘れなく。探究心旺盛なので、あなたのことをもっと知りたいと思わせるよう自分自身のことを少しずつ話してみて。

木の洞穴のようなところを巣にするフクロウのように、フクロウ系男子も狭い場所にこもるのが大好き。一緒に住むなら、壁が本棚で埋め尽くされているような部屋を用意し、調べ物に打ち込める環境を整えてあげれば、才能が花開くかも。

男子カテゴライズ

動物編

case

09

貝系男子

この男子の生態

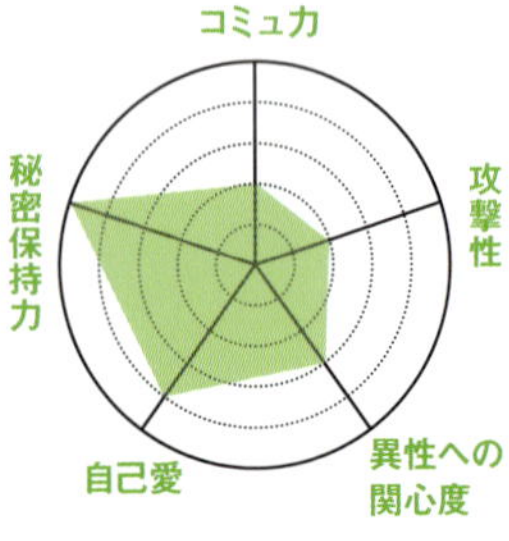

穏やかでクセが強くないので、女子受けする。乳製品系、小動物系に近い柔らかさはあるが、ちょっと違うのはハートがガラスでできていること。警戒心が強くてナイーブ。普段は心を閉ざしていることが多く、その扉を開くのに時間がかかる。まさに「貝のよう」に口がかたく、秘密は内に秘めたまま墓場まで持っていく。

色白の敏感肌
ハートも傷つきやすい
イケメンではないが
味わい深い顔
クセになる…♡
感情を内にためこみやすい
意外な才能もある
警戒心が強く
ナイーブ
殻をとじる!
ペンッ
うちとけるまで
時間がかかる
周りと壁を作りがち
パーソナル
スペース
心を開くと
魅力あふれる
優しい性格

ホタテください〜
私は赤貝とり貝もください
あとカキを単品で!
いいね〜
なんで私たちってこんなに貝が好きなんだろ?
ドキ
そりゃあ旨味たっぷり
繊細な味わいもいいよね〜

貝系男子のトリセツ

普段はあまり自分を見せようとしない貝系男子。好きなそぶりを見せてもなかなかなびいてこないし、脈ナシなのかなあと諦めかけた頃に、岩場の影からひょこっと顔を出し、そろそろとシャッターを上げて来たりする。打ち解けるまでに時間はかかるが、ひとたび殻があくと、旨味たっぷりで味わい深い魅惑的なキャラクターが飛び出してくるから待つ甲斐があるというもの。普段は貝のように口を閉じている彼が、自分を解放すると、じゅわ〜っと本音を口にしだす。とにかく滋味深いので、一度つきあったら、離れられなくなってしまうほど。一見地味な存在だけどハマるとやみつきになる。シャイでナイーブな性格で、あまりぐいぐい押すとまた殻を閉じてしまうのでさじ加減に注意。

男子カテゴライズ

動物編

case

10

サメ系男子

この男子の生態

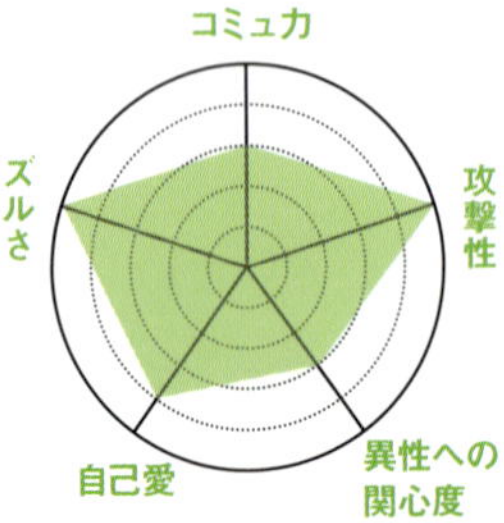

コミュ力
攻撃性
異性への関心度
自己愛
ズルさ

すらっとした肉体。クールな眼差し。一人で行動していることが多く人を寄せつけないが、血なまぐさい匂いはすぐに嗅ぎつけて近寄っていく。自分が欲するものは狙いを定めたらまっしぐら。どんな手段を使っても自分のものにする強さと王者としての風格を常に漂わせている。ちょっとズルいところがあり、怒らせると凶暴。

水辺でイキイキ
ざばっ
細マッチョな体形
クールで狡猾
近寄りがたい雰囲気
1人行動が好き
狙った女子に肉食
さーっ
鮫肌気味
ざらざら
キレ長の目
シャカシャカしたメタリックな
素材が好き
大きな口に
とがった歯

ザバア
誰!? あの一人高速でぶっちぎってるのは
ドバババ
ザワ
彼はサメ系男子!
人を寄せつけない孤高の存在
サァ
なんか気になる
たくさん泳いでスッキリした♪
あ…
あの人
プロテイン

あの…
隣、空いてます？
オレの隣？
空いてるが
珍しい人もいるもんだ
な、なにこの
クールさの中にちょっとダークサイドちらつかせる感じ！
ドキ
嫌いじゃないみたい…♡
落ちた!!
また一人サメに飲まれたのだった

サメ系男子のトリセツ

危険な香りのする彼。近寄ると苦労するのが目に見えているのに、オスとしての気高さがあり、どうしてもスルーできない。みんなで集まっている時も遠巻きに旋回しながらこちらの様子を伺うだけで反応がなくじれったい。そんな時はケガをするなど大胆な行動でアピールを。血の匂いに敏感な彼なら、あまたいる女性の中から、あなただけを探し出してくれるに違いない。（注意：ケガは比喩。本当に傷を負うようなことはやめよう！）

交際に発展することがあるなら、コバンザメのように吸着する取り巻き軍団の存在に驚くかも。せっかくつきあえたのに、なかなか二人きりになれなくてやきもきするかもしれないけれど、海の王者のパートナーの宿命だから、そこはぐっと我慢して。

Column

植物系男子

動物編には入らなかったけど
植物だって多種多様
あまたある中で特にキャラ立ちした
3種の男子をピックアップしてみました。

サボテン系男子

きのこ系男子

世を悲観的に見ているが
生命力は強い
過酷な状況でもじっとチャンスを伺う
地味に見えて毒もあるんだヨ
陰気である
内向的
アウトドアは苦手
根気があり思慮深い

植物は生きていくのに水や太陽が必須 はぐくむ気持ちで接してみよう
ボクは陰でもいいんだけど
女子を癒してくれる存在
清潔感たっぷりでいい香りがする
透明感ある雰囲気だが意外と自己主張する
今日はお肉食べたくない
気分がのらない

ハーブ系男子

CHAPTER 3

人生観を探る

職業編

この章では、男子を職種により
カテゴライズしています。
10人いれば10通りの生き方がありますが、
どんな職業を選ぶかによって、
またどんな職場環境にいるかで
考え方や暮らし方に特徴が出てくるはず。
あなたの周りの男子はどんな生き方してる？

自分の時間が
大切

スキーム
ローンチ
アジェンダ
また言ってる
横文字使いがち

草食系が増えている中で
貴重な肉食系
一応♂
オス!

言語能力が高く
ボキャブラリー豊富
比較的おしゃべり
ダジャレも入る

フットワークが軽い!
即行動
そうだ

ヒゲ・まゆげ・肌の
お手入れがゆきとどいている
計算された
無造作感

男子カテゴライズ

職種編

case

01

メーカー系男子

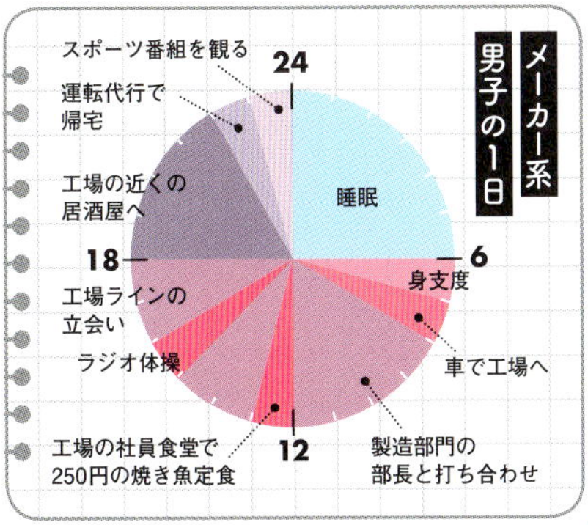

年表

5歳 幼稚園の先生に恋♡

10歳 チャイムと同時に校庭に走り、即ドッチボール

14歳 野球部のレギュラーとして活躍。マネージャーが初彼女

22歳 愛嬌と気合で面接をするするとくぐり抜け、就職

30歳 何でも言い合える同期と職場結婚

36歳 部下に慕われるよき上司に。休日は子どもと草野球

メーカー系男子劇場
社会人運動会
続きまして
リレーです
個人のタイムでいくと
ガテン系・不動産系・
ベンチャー系が
有利そうですね
脚に自信アリ
不動産
よーい…
スタート!
最初に頭ひとつ
飛び出したのが
ベンチャー系
目立ちたい!
さあ
バトンを渡して
2走者目
3走者目
ここで
メーカー系男子が
急上昇!
メーカー系
バトンパスの
上手さで
猛烈に
追い上げます!

抜かした!!
みんなのために
優勝はメーカー系男子チームです
チームのために!!
団結力を見せつけられたぜ
ワア〜ッ
あれが日本の底力か…
アイツら集団だと敵ナシだな
負けたな
あぁ…
部長、この後の打ち上げの予定ですが…
○○という店を予約しておりまして
迎えのバスが18時に来ますので
気がきくな!
打ち上げまでが仕事!のメーカー系男子だった

メーカー系男子のトリセツ

メーカーは、研究開発部門、製造部門、営業部門、管理部門など、多岐にわたる部署間の連携プレーで成り立っているため、集団行動、団体行動が得意で、多様な人と調和を取るのが上手な人が多い。学生時代は男女共学。会社でも男女混合チームで会社の中長期目標達成のために取り組んでいるからか、異性とのコミュニケーションにハードルを感じる人が少ない。週末河原でバーベキューしたり、男女混合でトレッキングしに行ったりと、グループで動くことが多いので、まずはグループ交際から始めてみよう。寮住まい、社宅住まいが多く、春には運動会、夏には潮干狩り、秋にはぶどう狩りと、会社での福利厚生イベントも目白押しなので、結婚後は相当な社交性が求められる。

男子カテゴライズ

職種編

case

02

金融系男子

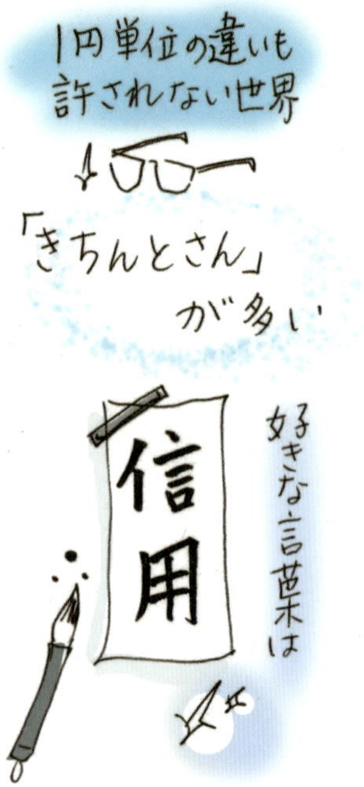

1円単位の違いも許されない世界
「きちんとさん」が多い
好きな言葉は
信用

短髪横分け
スッキリと

お似合いの女子

お嬢様系の
清楚で上品な人

真面目で常識的
わたしもきちんと☆
癒し要素もあり

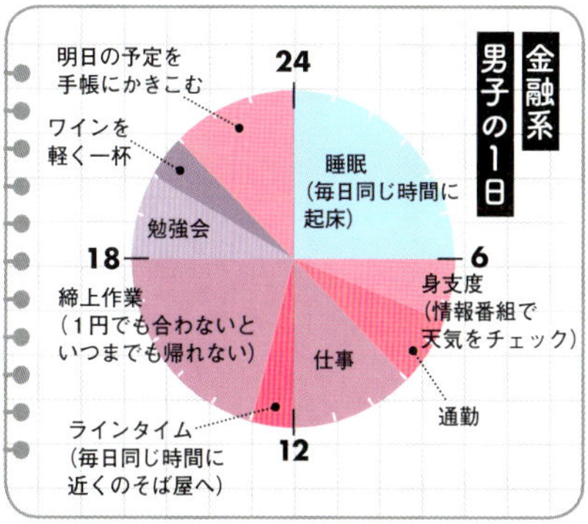

年表

10歳	14歳	17歳	18歳	22歳	30歳
小学生の頃から成績がいい(天才型ではなく秀才型)	テニス部の副部長として冷静沈着なサポート役に	高校のテニス部でも、やはり副部長がベストポジション	私大の経済学部。テニサーに入るがチャラさに引いて3ヶ月で辞める	今までのスキルを淡々とアピールし、銀行に就職	ロンドンの大学でMBAを取得

金融系男子劇場
彼は「きちん」としている
お金のことはもちろん
ボク マイルプログラムに登録してるんで
お店の人よりくわしい…
えーっと
初回ボーナスポイントのはずですが付与されてないんですけど
服装のみだれは心のみだれ
服装も常に「きちんと」してて隙はない
尊敬するけど
白いものは白く
疲れないのかな
好きでしてるのかもう習慣になってるのか
ん?
モフモフ
画像
モフモフで画像検索してる!?

そうだ…!
どうかな
おニューの部屋着
ジャーン
!!
それ、いいね
やっぱり…
もふ
もふ
ちょっとした癒しを与えたくなる金融系男子

金融系男子のトリセツ

親の庇護のもと、箱入り息子のように育っているため、羽目をはずすことが少ない。自分の親、相手の親からどう見られるかを気にするので、年配層受けする言動を心がけて。担保されたものでないとなかなか手を出さない傾向にあり、相手が信用できる人かどうか、つい査定してしまうクセがある。リスクマネージメントがうまいとも言えるが、合理的で効率を求めるため寄り道が嫌い。「ちょっとお散歩しながら、美味しいもの見つけたら寄ろうよ〜」といったのほほんデートは諦めよう。会社での評価が成約率など、きっちり数字で図られてしまう分、精神的に疲弊していることが多いので、心を癒すような言葉をかけてあげて。

男子カテゴライズ
職種編

case
03

不動産系男子

不動産系男子の1日

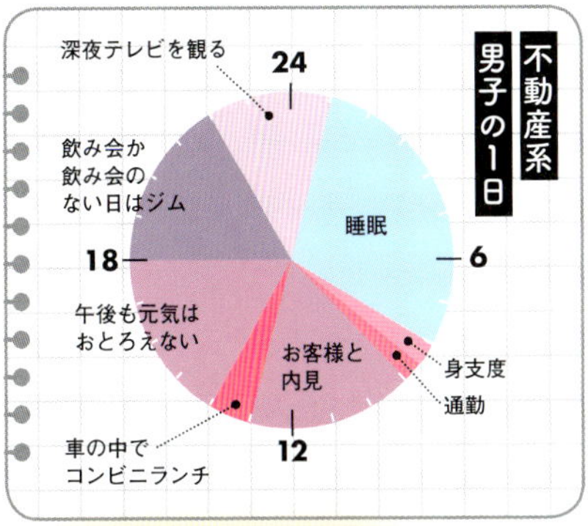

年表

12歳 小1〜6年まで無遅刻無欠席で皆勤賞

15歳 声がでかく存在感もでかい。あだ名はジャイアン

18歳 大学ではラグビー部。男臭い環境で、恋には無縁（でもマネージャーに密かに片思い）

22歳 ラグビー部の先輩に誘われて、不動産会社へ就職

25歳 体育会系ならではの威勢の良さで、エリア売上ナンバー1に

32歳 学生時代に出会った友人と数年前に再会し、結婚 年とともにビール腹がどんどん膨れ上がる

不動産系男子劇場
家売るよ
建物売るよ
そのため だったら お酒も飲むよ
盛り上げ ます
イケイケドンドン
週3週4 つきあいます
ドンドコドン
ねー そんな生活してたら 体に悪くなーい?
お腹もヤバいって〜
確かに
じゃ、ちょっとジムで 絞ってくるか!
ジムだって やるなら トコトン
ドンドコドン

いや〜ジム行ったら
異業種交流っての？企業の会長さんとかさ〜
また新しい知り合いができちゃってさ〜
モデルやってる可愛いコもいたー
ガハハ
も〜
電話帳パンパンよ〜
どこ行っても何かしら繋げてくる貪欲さ…
昭和か！
タフだわー
もう令和だっていうのにね〜
さ！今日も元気に家売るぞ
時代に関係なく本日もアグレッシブな不動産系男子だった

不動産系男子のトリセツ

人と話すことが好きで得意な彼。若者から年配層まで多様な価値観や考え方を持った人と触れ合う職種なので、話題に事欠かない。彼が土地・建物やマンションを売る営業マンならお客様の大半は既婚者なので出会いは少ないが、賃貸物件の営業マンなら比較的出会いが多いからライバルに気をつけて。動かす金額が大きいこともあり、野心家が多い不動産系男子。「お金を使えばお金を使う楽しみがわかる。楽しむためには稼ぐ」という先輩の教えもあり、会社に入ってから派手な飲み方や派手な買い方を覚えた人が多い。つきあいで合コンに行くこともあるから、そこを理解してあげないと厳しいかも。彼の立場を尊重し、しっかりサポートしてあげて。

男子カテゴライズ
職種編
case
04
IT系男子

トップが若く革新的な
社長のところが多いので
比較的のびのびと仕事
西海岸の文化
ファッションが好き
趣味は フライフィッシング
カヌー、トレラン
お似合いの女子
トレンドに敏感
フットワークが軽い人
健康的な
華やか系
情報に敏感

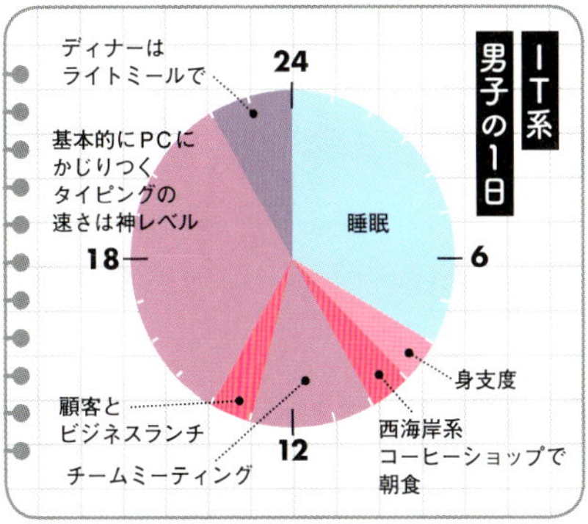

年表

12歳
祖父からの誕生日プレゼントで、マイPCをゲット

18歳
高校生でプロレベルのプログラミング力を取得

20歳
大学在学中にアプリ開発に着手

22歳
外資系IT企業に就職

28歳
同業他社にヘッドハンティングされる

同業の彼女はいるが親友のような関係性もう少し独身生活を楽しみたいのが本音

仕事は楽しい
だけど仕事だけの人生にはしたくない
趣味やプライベートも充実させて
自分を見つめる時間も必要
〈非リアの集まり〉
だってよ
へーよかったですねー
あーまぶしい
意識高いねえ〜
君たちに夢はないの？
ビクゥ
出た！
な、なんだよいきなり

自分一人が幸せでも仕方ない…
自分の夢ってなんだろうってつきつめたら…
人の役に立つこと
ちょっと恥ずかしいけど
君たちの夢も手伝いたいな
今そういうプロジェクト立ち上げたとこでオンラインサロンに参加しない？
な、なんだよいい人すぎてこっちが惨めになってきたよ
くっそう 悪口も言わせてくれないのか
ベンチャー系のほうが文句言いがいあるよ
相手まちがえた
行こーぜ
もっと世の中に役立つ何かを作ってみたい
ひがみもスルーのIT系男子

IT系男子のトリセツ

オフィスがフリーアドレスだったりと、革新的な社風のところが多いので、のびのびと仕事をしている人が多い。最近は欧米系のほか、インド系、ベトナム系の会社も多く、異文化への理解度が高い。多様性を認め、ありのままの姿を受け止めてくれるのでつきあいやすい。結婚したら、家事もしっかり分担してくれる。新しいもの好きで、人より先に知っていたいタイプなので、「それ知ってるよ」ではなく「へえー。そうなんだ」と優しく話を聞いてあげて。常に革新を求めているから、気になることがあったら具体的に指摘し、改善点を伝えてあげると喜ぶ。あなたのアイデアがいつも彼にとって新鮮で、彼の発想力の源になるならば、いい関係が持続すること間違いなし。

男子カテゴライズ

職種編

case

05

マスコミ系男子

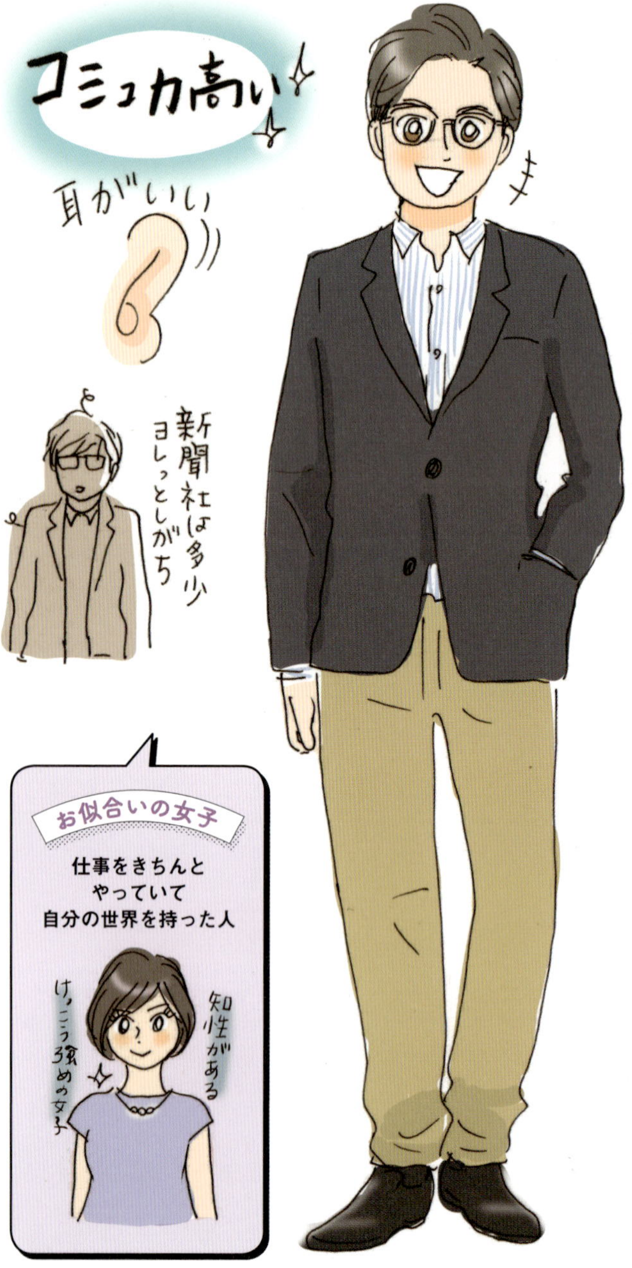

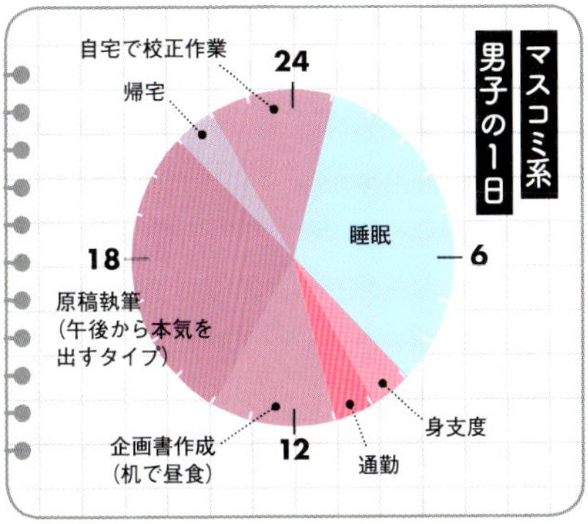

マスコミ系男子の1日
24
6
12
18
睡眠
身支度
通勤
企画書作成
（机で昼食）
原稿執筆
（午後から本気を出すタイプ）
帰宅
自宅で校正作業

言語能力が高く
ボキャブラリー豊富
比較的おしゃべり
ダジャレも入る

人脈が広くオンオフ関係なく
好奇心のおもむくままに
サブカル好き多い

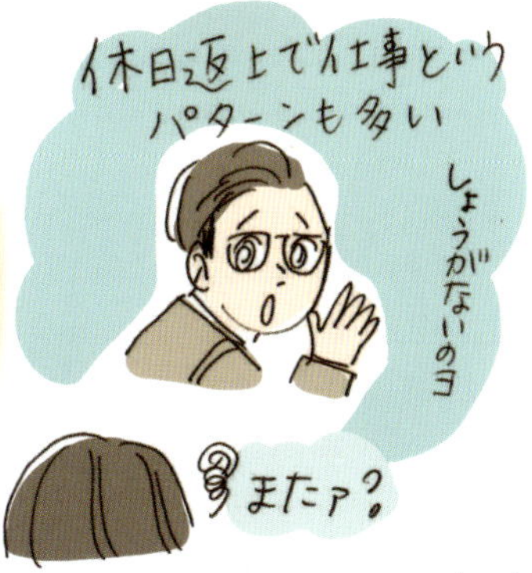

休日返上で仕事というパターンも多い
しょうがないのヨ
またァ？

開拓者精神があるので新しいお店へ行きたがる
チェーン店はあまり行かないけど一周まわって王将は好き

ネットリサーチが年々増えてるけどもっと自分の足で取材しないとな、
と思う

年表

- **5歳** 母親から読み聞かせをされて育つ
- **10歳** マンガと小説をこよなく愛す。手塚治虫と太宰治がバイブル
- **16歳** 国語が好きで数学が壊滅的に苦手。進路は迷わず文系
- **18歳** 私大の文学部へ。落語の面白さに目覚める
- **23歳** 学生時代からバイトしていた出版社に入社
- **27歳** 書籍制作の傍ら、ウェブメディアの立ち上げにも携わる

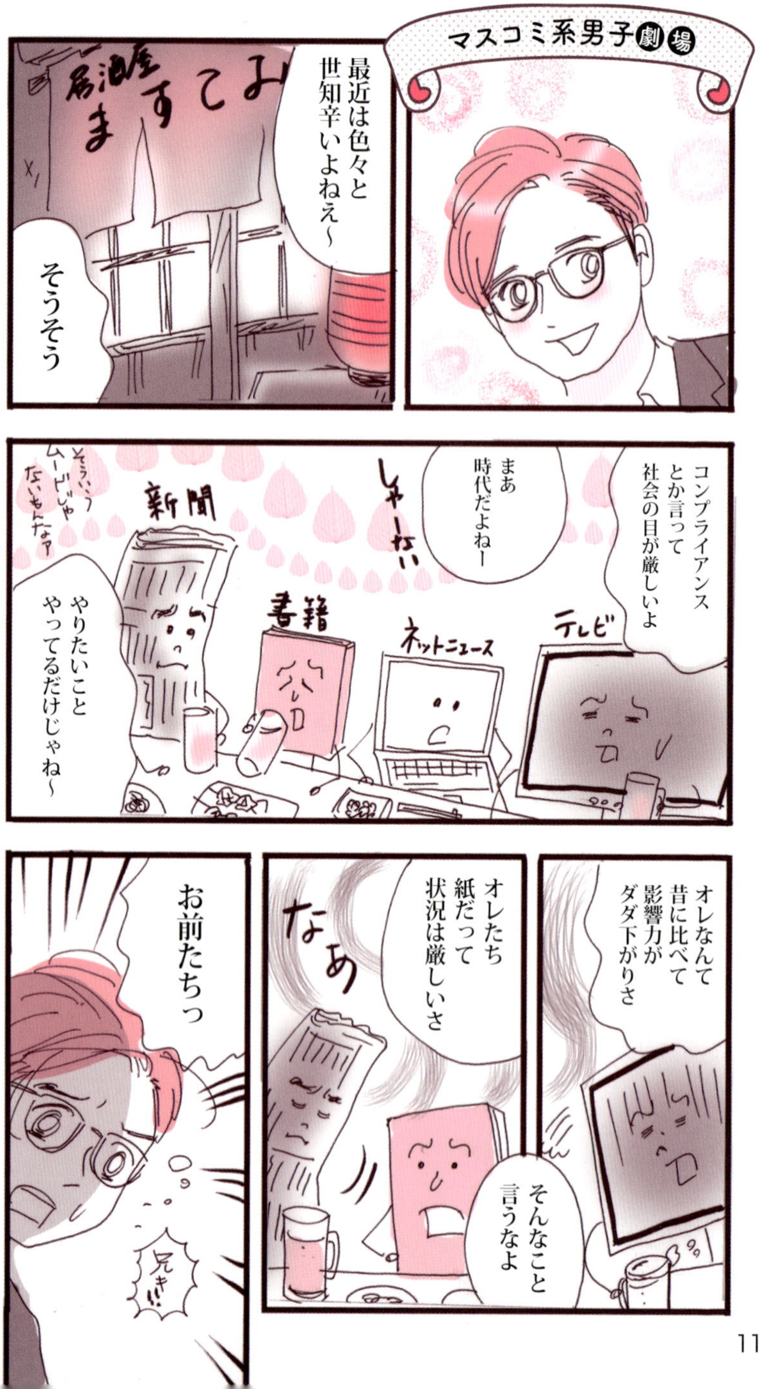
マスコミ系男子劇場
居酒屋
ますてみ
最近は色々と世知辛いよねえ～
そうそう
新聞
書籍
ネットニュース
テレビ
コンプライアンスとか言って社会の目が厳しいよ
まあ時代だよねー
しゃーない
そういうムードじゃないもんなァ
やりたいことやってるだけじゃね～
オレなんて昔に比べて影響力がダダ下がりさ
そんなこと言うなよ
オレたち紙だって状況は厳しいさ
なあ
お前たちっ
兄き!!

ごめんな オレの力不足で お前たちに心配 かけちゃって
ふがいないっ
でも大丈夫 これからはオレが なんとかする
時代が変わろうとする今 オレの鋭い感覚で 新しいコンテンツを 必ず作る!!
ぬおおお〜
バッ
ビール飲んで時代を生きのびーる
だから任せとけ〜
なんて アイツ言ってるけど 大丈夫かな?
やる気だけはあるみたいよ
あいつITとか弱いんだぜ
ダジャレのクオリティ低くね?
酒《さけ》の力かりてさけぶ
だいぶ酔ってたけど明日おぼえてんのかな
まあアイツに賭けてみるか
やる気と好奇心で一点突破を狙うマスコミ系男子だった

マスコミ系男子のトリセツ

マスコミとひとくちに言っても、TV や新聞、雑誌、書籍、絵本と色々な畑があり多種多様だが、共通して言えるのは好奇心が旺盛なこと。研究者肌というよりは、学術系からサブカルまで、オールマイティな雑食タイプが多い。比較的おしゃべりで人脈が広く、オンオフの境目なく休日もアンテナ張りに外に出ている。常に新しいお店に行きたがるからこまめにつきあってあげて。時事ネタに敏感なので、ニュースに対してしっかり自分の意見を言えるよう心がけよう。休日返上で仕事に出るケースも多いので、「仕事と私とどっちを選ぶの?」というタイプだと引かれてしまいます。自分をしっかりと持ち、相手に依存しないこと。

男子カテゴライズ

職種編

case

06

飲食系男子

お似合いの女子

パッと目
近寄りがたいけど
こびない人

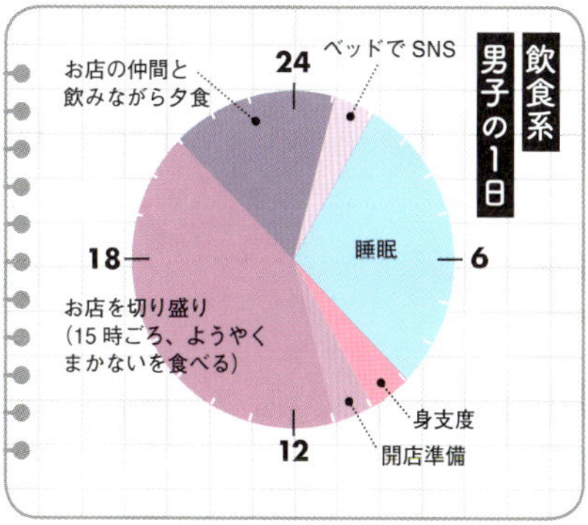
飲食系男子の1日
24
6
12
18
睡眠
身支度
開店準備
お店を切り盛り（15時ごろ、ようやくまかないを食べる）
お店の仲間と飲みながら夕食
ベッドでSNS

デートは美味しいお店
キレイめなお店もマニアックなお店も♪
お酒好き

手先が器用
もちろん料理も
でも家ではやらない
出会いも多くモテるけど休みが合わない&仕事優先で別れがち
これからどうしよ…
明るく見えるが仕事において実は孤独や不安を感じがち
さよなら
またか
安定のコミュ力
嫌いな人でもテキトーに話せる

年表

8歳 両親の酒のつまみを食べるのが好き。「将来酒飲みになるな」と言われる

18歳 コミュ力が高く優しいので女子にモテる

20歳 シェフとして働き、いつしか自分の店を持つ夢を見る

30歳 念願の創作イタリアンの店オープン。オーナーシェフに

35歳 彼女はいるが、仕事が忙しくすれ違い気味の毎日

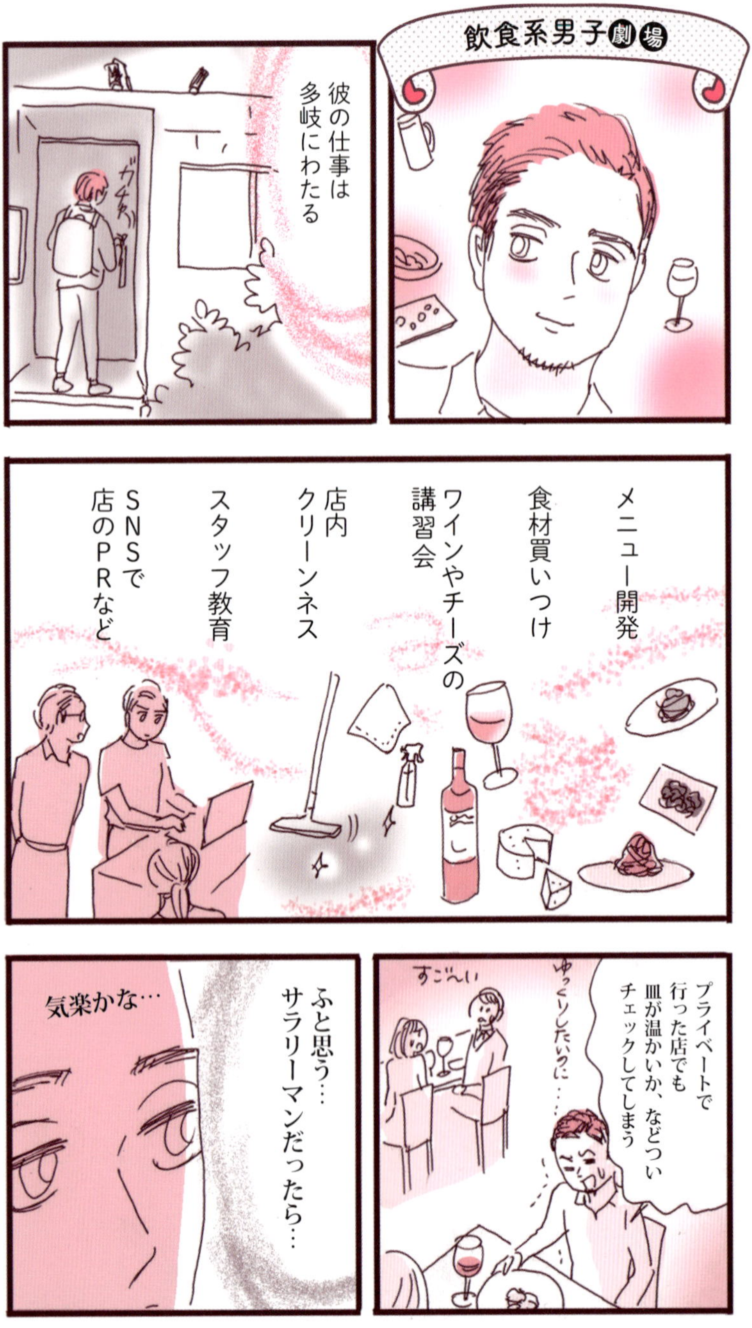
飲食系男子劇場
彼の仕事は多岐にわたる
ガチャリ
メニュー開発
食材買いつけ
ワインやチーズの講習会
店内クリーンネス
スタッフ教育
SNSで店のPRなど
プライベートで行った店でも皿が温かいか、などついチェックしてしまう
ゆっくりしたいのに…
すご〜い
ふと思う…サラリーマンだったら…
気楽かな…

飲食系男子のトリセツ

　お客様、スタッフを含め女性に接する機会が多い飲食系男子。物腰が柔らかく、おもてなし精神があり、かつオーナーシェフとなれば一国一城の主。魅力的な分、他の女子からも声がかかることが多く、ハンター気質なので浮気の可能性も。下積みからシェフ、オーナーシェフへと、目標がはっきりしているので、彼の夢を応援する姿勢を見せると吉。料理にはこだわりを持っているので、普段自分が料理をするとしても、あまり同じ土俵の上で話をしない方が得策。クリエイティブで研究者気質なので、レシピ開発など何か発想をしている時はそっとしておいてあげた方が。

男子カテゴライズ
職種編

case
07

ガテン系男子

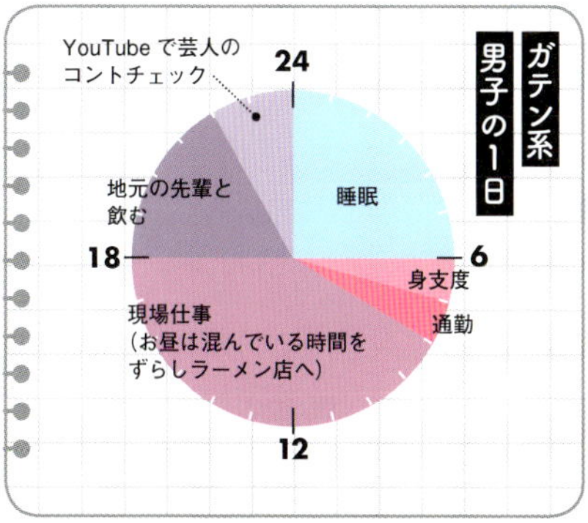
ガテン系男子の1日
24
YouTube で芸人のコントチェック
睡眠
6
身支度
通勤
12
現場仕事
(お昼は混んでいる時間をずらしラーメン店へ)
18
地元の先輩と飲む

意外と細かく
数字に強い

朝が早い
運転が上手

私服の系統はさまざま
ストリート、輩系など
サーフ
アメカジ
でも着る機会がけっこう少ない

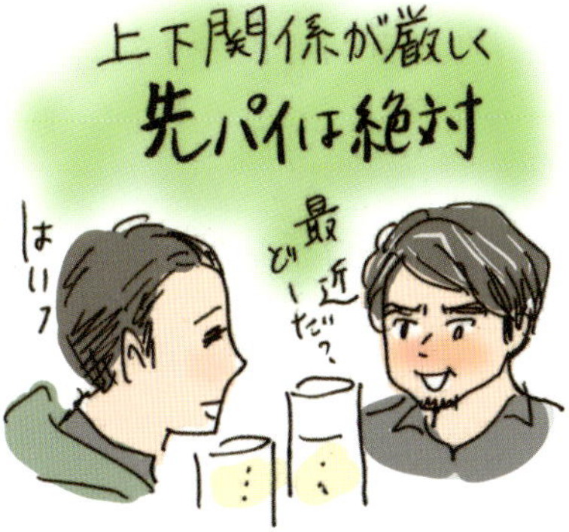
上下関係が厳しく
先パイは絶対
はい!
最近どーだ?

先パイとの飲みも多い
ちょっと来いよー

年表

7歳
明るさが売り。
おばあちゃん子な一面も

14歳
やんちゃ時代。
先輩は神的存在

18歳
「俺はつまらない大人にはなりたくない」が口癖

21歳
地元の先輩の紹介で、整備士として働きだす

24歳
14歳から10年間つきあっていた彼女と結婚

26歳
第一子が誕生。
より責任感が生まれ、仕事に励むように

ガテン系男子劇場
逞しくって力持ち
車庫入れぴったり
運転だってとっても上手
手先も器用で頼れるオトコ
直ったよん
ちょいちょい
早い〜
浮気するタイプじゃないしつきあってて安心・充実〜♪
あっ…でも一つあったわ
懸念材料が
それは彼の先輩!!
絶対的存在
君臨
呼び出されたら必ず行かなきゃなんないみたいだし〜

今時そういうのってパワハラだと思うんだけど
業界的にそーいうもんなの
気にしてないみたいだし
ちょっと待って
ハッ
将来的にもそういう関係が続くとしたら
ゾクッ
結婚式にも口出してきそう
新居だって先輩が勧めてきた物件に!?
近くに引っ越さなくてはならなかったら？
ここに住め
いい物件だろ？
オレの紹介で敷金ナシだ
オレんちの隣だ
どうしたの？
それとなく先輩と距離おくようにさせるとか・・・
逆に私も思い切って先輩とうちとけるか・・・
ガテン系男子の先輩対策は慎重にすべし

ガテン系男子のトリセツ

汗を流して必死に働く姿を見てドキッとしたり、汚れた作業着やタコだらけの手の平を見ると母性本能をくすぐられて「癒してあげたい」と思ってしまうような女性が合う。ガテン系男子と両思いになるには、一途にアプローチをすること。アイコンタクトを多くしたり、メールや LINE を積極的に送ったりと分かりやすく意思表明する事で「自分の事を気にしてくれている。それなら、自分も誠実に対応しよう」と振り向いてくれる。ガテン系男子は実はとっても一途でかわいらしい一面も。ただ、すでに彼女のいるガテン系は見込みがないのできっぱり諦めて。疲れている時は何を言ってもきかないので、お願いごとは休日に！

男子カテゴライズ

職種編

case

08

クリエーター系男子

自分の時間が大切
服は天然素材のいいモノが好き
ロンT好き
こだわりの白シャツを保有

お似合いの女子

相手の繊細な感性を理解、尊重する人

流行より自分に似合うおしゃれ
細かいことは気にしない大らかさ

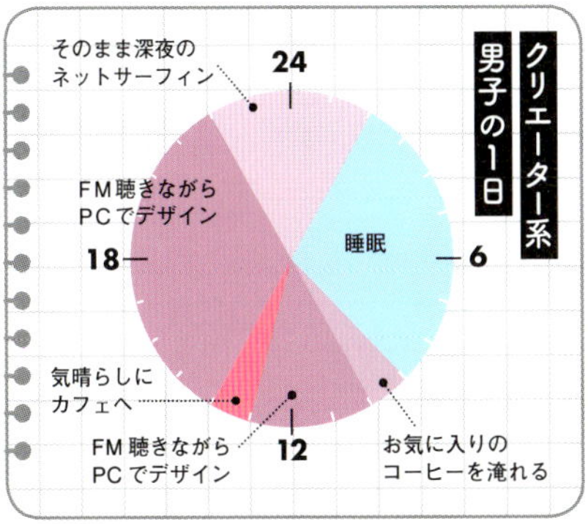

年表

- **4歳** 友達が外で遊んでいても、お絵かきに夢中
- **12歳** 図工が得意。卒業文集の表紙の絵を担当
- **14歳** 自治体主催のデザインコンクールで入賞
- **18歳** 美大へ進学。個性的なオシャレを楽しむように
- **24歳** ちょっと長めに大学に行きデザイン事務所へ
- **30歳** フリーランスのデザイナーに

クリエーター系男子劇場
今日は仲間とグランピング
やっぱアウトドアっていいよね
いつもと全然違うよね
好きな仲間と
包丁切れる？
好きなお酒を楽しみ
好きな音楽で盛り上がる
これが最高なんだよねー
グランピングいいよねー！
来てよかった
新しいモノ作れそうじゃね？

……
ちょっと待って
好きな仲間と好きなお酒で好きな音楽って
都内
いつも都内でやってることと変わんなくねーか？
この半径3メートルの景色まるで一緒！
オレら全然クリエイティブじゃなくねぇ？
ん？まーそーだよね
曲もお酒もおつまみも一緒
意外とオレたちって保守的なのかな
OK.OK
ルーティンが大事っていうじゃん？
こだわりが有るのか無いのかわからないクリエーター男子たちだった

クリエーター系男子のトリセツ

創作のヒントを求めて常にアンテナをはっているクリエイター系男子にとっては、博識で見聞が広い大人女子が魅力的に映る。知識の豊富さ、内面の豊かさをアピールすべし。先進的な考えの持ち主で、人目や世間体は気にしない。家族からどう思われるか、友達からどう思われるかを考えながら彼女を選ぶことがないので、つきあいは比較的楽かも。ただし、普段は穏やかでも、アイデアが生まれてこない時は内にストレスを溜め込んでいる場合がある。おどけて話しかけるとキレられる可能性があるので注意。ひらめきが降りてきたり、発想している時は心ここにあらずになるから、そっとしておいてあげて。

男子カテゴライズ

職種編

case

09

起業・ベンチャー系男子

草食系が増えている中で
貴重な肉食系
一応♂
オス!

ハンター気質

お似合いの女子

頭はよいが
自己主張少な目な人

美人で
スタイルがよい

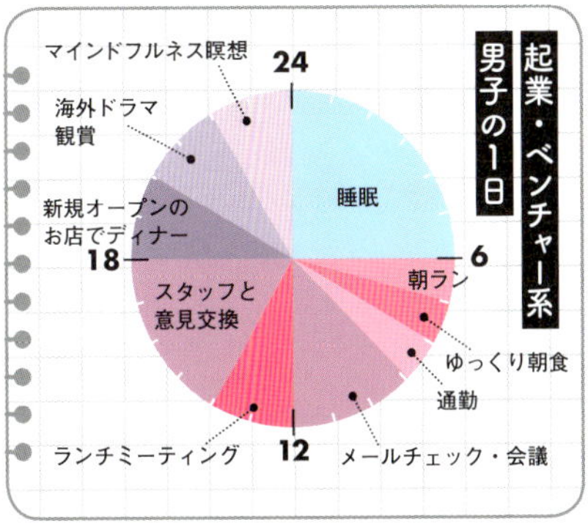
起業・ベンチャー系男子の1日
24
6
12
18
睡眠
朝ラン
ゆっくり朝食
通勤
メールチェック・会議
ランチミーティング
スタッフと意見交換
新規オープンのお店でディナー
海外ドラマ観賞
マインドフルネス瞑想

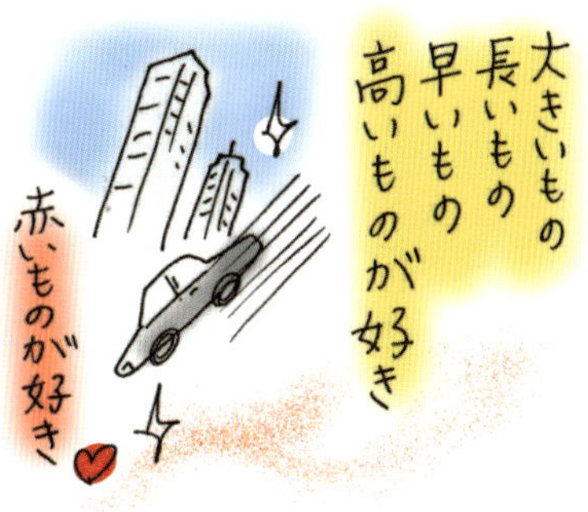
大きいもの
長いもの
早いもの
高いものが好き
赤いものが好き

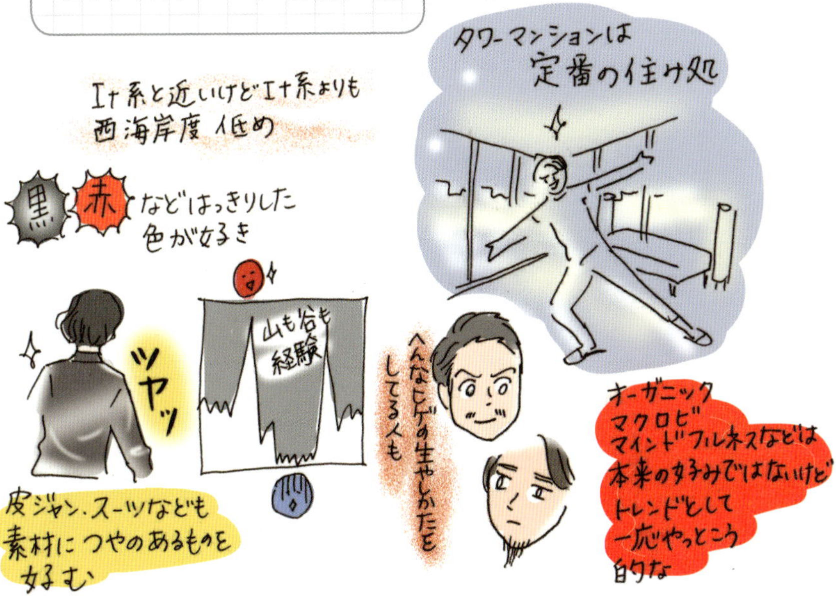
タワーマンションは定番の住み処
IT系と近いけどIT系よりも西海岸度低め
黒 赤 などはっきりした色が好き
山も谷も経験
ツヤッ
皮ジャン、スーツなども素材につやのあるものを好む
へんなヒゲの生やしかたをしてる人も
オーガニック
マクロビ
マインドフルネスなどは本来の好みではないけどトレンドとして一応やっとこう的な

年表

0歳 NYで生まれ、10歳まで海外で過ごす。常識に囚われない自由な発想を培う

12歳 帰国子女として、クラスでは別格扱いに

16歳 セレブに憧れ、億万長者を目指して投資の勉強を始める

20歳 大学在学中に起業

23歳 事業が失敗し大ピンチ！

25歳 人脈に救われ、再び起業 モデル兼エステサロン経営の年上彼女がいる

起業・ベンチャー系男子劇場
大きいもの
長いもの
早いもの
高いもの
赤いものが好き
生きてる限り常に挑戦し続けたい
そーいうのってちょっと古いかも？

余白があるほど
アイデアも生まれるし
君は…ちょっと前にバズったミニマリスト男子！
今のトレンドは持たないシェアする身軽にじゃないですか
へ〜〜ん ジョブズも毎日同じ服だったしね
実はそんな「禅」的なモノも気になってたんだよね〜
オレと真逆だけどトレンドだしね
いっちょやってみるか
マインドフルネス瞑想
ビーチでフェス的なイベントやろう
ハッ
これ大人数でイベントしたらいけるんじゃね？
メモっとこ
断捨離
不用品売るアプリでもっと付加価値つけたものできないかな！
絶対できるわ、コレ
あと片づけコンサルも新しいサービスつけて
新しいことに挑戦し続けないと死んでしまう起業・ベンチャー系男子だったー

起業・ベンチャー系男子のトリセツ

草食系男子が増えていると言われている中で、一定数生息している肉食系男子は、特に起業・ベンチャー系の経営者に多い。組織を率いる経営者にとって､「男らしさ」や「包容力」は必須要素。ハンター気質の起業・ベンチャー系男子は、普通の女の子を落とすことでは満足できないよう。市場価値のある女性を落とした方が、自分の達成感が満たされるようなので、学歴や資格などのアピールポイントがあれば積極的に伝えよう。意外と束縛主義で、自分が優位に立てないと、別の女子に走ったり、卑屈になる恐れがあるので注意。自分の得意分野でも、「あなたの方が優れている」とヨイショすべし。

男子カテゴライズ

職種編

case

10

アパレル系男子

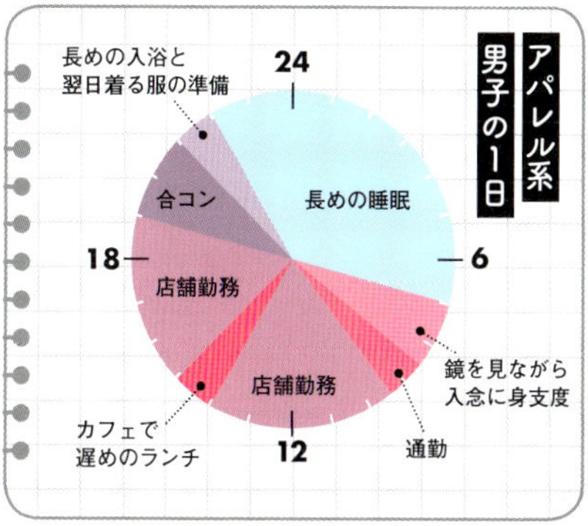

年表

5歳 この頃から自分で着る服を選ぶ

14歳 週末は友達と原宿通い

18歳 メンズ雑誌の読者モデルを経験。女子には困らない学生時代

22歳 アパレル会社に就職し、デパート内勤務に

37歳 代官山の路面店の店長として活躍 実年齢よりも若く見られるのが嬉しい

アパレル系男子劇場
店に立つこと…
それは舞台に立つことと似ているかもしれない
花粉症でも
二日酔いでも
昨日彼女と別れたとしても
ヴェッショイ
一度ステージに上がれば
そんな舞台裏は
見せられない
昨日
彼女と別れて
テキーラ飲んで
2日酔いで
花粉症
いらっしゃいませ
ていうか
絶対見せない!!
そしてもう一つ
ガヤ
ガヤ

お疲れ〜
先やってたわ
アパレル系男子たちは飲食店でも他の客とオーラが違いちょっと目を引く
たとえ太っててもイケメンでなくてもこギレイなムードでイケている
売れっこならさらにキラキラオーラ
そして他のブランドのアパレル系男子とはいい緊張感が
あ○○の店の人達…
チラッ
クツは△△かな
あれ新作かな？
静かなる戦い
あれ××店のやつらだ
チラッ
その辺の居酒屋もちょっとした舞台に変えてしまうポテンシャルを持つアパレル系男子たちである

アパレル系男子のトリセツ

とにかくトークが上手。女ごころを知っているので、「引く」テクニックや「聞く」テクニックも持っているアパレル系男子。出会いは多いが、店舗勤務の場合は週末が稼ぎ時のため、休みは平日、それも不定期。愛で乗り越えようにも、「月に１日もデートできないんじゃ無理」と振られてしまうので、モテるわりにつきあう期間が短い。同業か同じく平日に休みがあるような職種の女性、例えば看護師、不動産、ホテル、ヘアサロンで働く女性なら合いそう。仕事柄、ファッションにお金がかかることは理解してあげて。あなたがファッションに興味があったとしても、彼のスタイルにあれこれ口を出すのは得策ではない。センスのよさはまちがいないので、相手の好みの色にそまってしまうのも手。

Column

メガネ系男子

メガネ男子好きな女性、
結構多いですよね。

知的さがプラスされたり親しみやすくなったり、イケメン度が増したり…
メガネの効果は絶大！
そこで男子＋メガネの効果を検証してみました。

どんな!?

オラオラ系男子

フレーム主張のブランドメガネ
ジャーン
もともとあったオラつき具合がマイルドに
キュン♡
そしてリッチ感もプラスされ派手系女子の好きそうなルックスに！

細身の真面目系男子

個性派モード系男子

私がメガネ男子に目覚めたキッカケは何といっても映画「ピンポン」の井浦新さん（当時はARATAさん）卓球部の高校生という役柄なんですが、メガネの奥の憂いある眼差しが何ともいえない色気を放っていて目が釘付けに…

好きな人がメガネをしていたら外した時はどんな顔なんだろうと想像する楽しみ、

普段つけていない人が突然つけた時のドキッとする感じ

メガネ系男子万歳♪

あとがき

この度は『キャラ別男子図鑑』を読んで下さりありがとうございます。

私が男子のイラストを描き始めたのは10年ほど前。
47都道府県の男子をテーマにしたイラストの依頼があり、
それがなかなか好評で、第2弾、3弾と描かせていただきました。
その後佐川男子のイラスト（ガチャガチャのデザインまで！）や
ワイン男子、web連載など様々な男子を
書かせていただく機会に恵まれました。

そんな経緯があり、この度、キャラクターごとに
男子を分類するエンタメ本を作ることになりました。

「最近の男子はこう！（断言）」みたいなノリでは決してなく、
いろんな人の話を聞きながら、「ふーんそうかそうか、
こういう人もいるよね」なんて流れで広がり、
「だったらちょっと面白くしちゃえ」みたいな感じで、
気づけば約30種もの男子たちが生まれちゃいました。
今回は一応自分発信ということになるのですが、
ぼんやり生きている私一人の力では

到底ここまで描くことはできず、
編集担当松本さんの観察眼の鋭さ、知的で暖かなサポートが
あってできたわけです。
この場を借りて深くお礼申し上げます。
そして、ストーリーを膨らませてくれた私のミューズたち、
やっちゃん、ミカちゃん、レイちゃんにもお礼を。
(まんがで男子に突っ込み入れたり絡んだりするのは、
ほぼこの人たちがモデル)

そしてこの本を読んで下さった全ての方に感謝申し上げます。

読んでちょっと笑えたり、「いるいるー」となったり、
「いないわ!」と突っ込んだり…。

とにかくこの本がきっかけで何か感じてもらえたら嬉しいです!

どうもありがとうございました。

平成もカウントダウンの某日　菜々子

キャラ別男子図鑑

2019年5月20日　第1刷発行

著　者　　菜々子
デザイン　　日高慶太・熊田愛子（monostore）
編　集　　松本貴子
発　行　　株式会社産業編集センター
〒112-0011　東京都文京区千石4丁目39番17号
TEL 03-5395-6133　FAX 03-5395-5320
印刷・製本　　株式会社東京印書館

ISBN978-4-86311-224-7　C0095